Aufklärung oder Untergang

Ein Manifest für das Leben

———

Christian Kok

Bibliografische Information der Deutschen Nationalbibliothek:
Die Deutsche Nationalbibliothek verzeichnet diese Publikation in der
Deutschen Nationalbibliografie; detaillierte bibliografische Daten
sind im Internet über http://dnb.dnb.de abrufbar.

Herstellung und Verlag: BoD – Books on Demand, Norderstedt
ISBN: 978-3-7543-4969-4

Kontakt: AufklaerungOderUntergang@gmail.com

ANFÄNGE

Es war einmal vor Millionen von Jahren in Afrika. Der Mensch erhob sich von den Primaten, um mehr zu werden als ein Tier. Er erschuf Werkzeuge mit Händen und Hirn, er kämpfte gemeinsam mit seinem Stamm stets ums Überleben. Mit aufrechtem Gang begab er sich seit jeher auf eine Reise, nur wohin? Er wird getrieben von seinem Geist, stets seine Urinstinkte und Altlasten tragend. Die Zivilisation befreite von vielen natürlichen Zwängen und machte aus der Menschheit, was sie nun ist – eine riesige, dysfunktionale Familie. Sie haben sich auseinandergelebt, obwohl sie im Kern dasselbe wollen. Sie kämpften in der Natur und eroberten sie letztendlich. Sie fühlen sich übernatürlich aber sind es nicht. Nun kämpfen sie gegeneinander, ihr Weg ist gezeichnet von Tod und Leid. Wohin soll die Menschheit gehen und was hält sie auf? Um endlich wahren Frieden und Freiheit zu erlangen, muss sie wieder zusammenfinden und der größte Stamm der Geschichte werden.

Was ist wahr? Warum herrscht noch so viel Leid auf der Welt und wie kann ein Gott das zulassen? Was ist der Sinn des Lebens? Halten wir aus Angst an der Vergangenheit fest oder kämpfen wir mutig für eine bessere Zukunft? Dies wird ein Versuch, solche großen Fragen zu beantworten, Lösungen für die Probleme unserer Zeit aufzuzeigen und eine Vision für die Zukunft zu skizzieren. Um dieses Weltbild anschaulich zu begründen, zunächst ein paar Gedanken zur Rolle der Götter für den Menschen und die Gesellschaft.

HÖHERE MÄCHTE

Seit Anbeginn der Zeit brauchte der Mensch eine Medizin gegen Sinnlosigkeit, Hoffnungslosigkeit, Angst, Ungewissheit und Unwissenheit. Menschen suchen Struktur, Sinn und vor allem Halt in dieser komplexen und gefährlichen Welt. Seit Urzeiten erschuf man Glaubenssysteme, welche das bieten konnten.

Ein System angeboten zu bekommen, womit man die schwierigen Fragen nicht komplett für sich selbst begründen muss, ist sehr verlockend. Gläubige bildeten schnell Gruppen, wo man sich gegenseitig bestätigte und einander Halt gab. Da man an die richtige Gottheit glaubt, ist man besser als andere und ein Ebenbild Gottes. So entstand organisierte Religion. Manche Anhänger wurden dann aggressiv, als kritische Stimmen ihren tiefgehenden Glauben, ihre liebgewonnenen Antworten, reflektierten. Sie versuchten, ihre Religion als die einzig wahre darzustellen und andere Gläubige aufzuhetzen, um abweichende Ansichten zu unterdrücken. So konnte sich in den meisten Kulturen eine Religion durchsetzen, mit der „gottgegebene" Regeln eingeführt wurden.

Der Mensch nimmt, wie Wasser oder elektrischer Strom, den Weg des geringsten Widerstands. Es fühlt sich doch gut an, Andersgläubige zu verurteilen, um sich selbst besser zu fühlen. So entstand die Institution Religion, die zur Machtausübung diente. Von Gott oder den Göttern gewollte Gesetze haben mehr Durchschlagskraft und sind schwerer veränderbar. Mit Organisationen göttlicher Legitimierung entstand ein nützlicher Machtapparat, mit dem Andersdenkende verfolgt, gefoltert oder getötet werden konnten. Man konnte effektiv verhindern, dass die Leute die wahren Ursachen ihrer Probleme bekämpften. Stattdessen sollten sie sich dem Willen Gottes unterwerfen - Stabilität in den Köpfen und Sicherung von Macht. Glaubenssysteme, die ursprünglich dazu dienten, für sich persönlich Antworten und inneren Frieden zu finden, wurden so seit jeher immer wieder missbraucht.

Institutionalisierte Religionen verbindet meistens vieles. So wird immer in Gut und Böse, in „Wir gegen die anderen", unterteilt. Sei „gut" und gläubig, um in das Paradies zu kommen oder Wunder zu erfahren. Bist du es nicht, wird dir schlimmes geschehen und dein Leben nach dem Tod wird grausam. Unterwirf dich der höheren Macht, sonst bist du der Feind. Feinde müssen bekehrt oder zerstört werden. Ängstliche Menschen sind leichter zu beherrschen. Die Naivität von ansonsten unvoreingenommenen Kindern wird ausgenutzt, um den Glauben tief in die Seele zu verwurzeln. Damit die Gesellschaft funktioniert, gibt es in der heiligen Schrift Regeln, die die Macht Gottes schützen, dem gesunden Menschenverstand entsprechen oder willkürlich sind.

Religiöse Weltbilder versuchen die großen Fragen zu beantworten und zu prophezeien. Sie beanspruchen die Wahrheit für sich, haben ihre Wurzeln aber meistens in Zeiten, wo man die Wahrheit nicht wissen konnte – keine solide Grundlage. Sie bestehen oft nur aus ein paar alten Überlieferungen und Schriften der „Anfangszeit", die auch noch durch Übersetzungen und Fehlern vor dem Buchdruck verfälscht wurden. Generell lassen heilige Bücher sehr viel

Raum zur Interpretation und widersprechen sich oft selbst, was sich bei Hinterfragen offenbart. Wenn etwas auf so viele verschiedene Weisen interpretiert werden kann, ist es dann deutlich genug, um zur Bestimmung aller Lebensaspekte geeignet zu sein? Ist die Mehrdeutigkeit aus heiligen Schriften nicht nur ein einfaches Mittel, alles zu rechtfertigen?

Der Mensch hat offensichtlich ein Bedürfnis an etwas, woran er glauben kann, vor allem wenn vieles Ungewiss ist. Welche Kraft steckt hinter den Naturgewalten, denen wir ausgesetzt sind? Warum werden manche krank und manche nicht? Was sollen uns die Sterne sagen? Wir suchen etwas, was Halt in einer komplizierten, einsamen und scheinbar trostlosen Welt bietet. Wer den Mut hat, die mentale Stabilität einer klassischen Religion zu verlassen, findet dieses Etwas vielleicht in Esoterik, einer Sekte, einem Kult, dem „aufdecken" von Verschwörungen oder politischer Ideologie.

Im Idealfall begibt sich aber jeder Mensch auf einen persönlichen, unvoreingenommen Selbstfindungsprozess. Moral muss aus Sinn, Einsicht und Empathie kommen und nicht, weil religiöse Autorität sie diktiert. Besiege das Dogma und finde Göttliches für dich selbst.

Der Mensch hat offensichtlich ein Bedürfnis, Dinge zu hinterfragen und neugierig zu sein. Die Gedanken trotzten immer wieder der Unterdrückung und brachen aus alten Denkmustern aus. Wenn ein Glaubenssystem sich nur durch Indoktrinierung von Kindern und Zwang halten kann, ist es wohl unvollkommen. So gab es immer Freigeister, die hinterfragten und die wissenschaftliche Methode schufen. Sie war eine radikal neue Methode, die Wahrheit herauszufinden anhand von Beweisen und Logik.

Grob erklärt wird eine Studie wie folgt erstellt: Zunächst beobachtet man ein Phänomen, was ergründet werden soll. Man recherchiert dann bestehende Theorien und Studien, die das Phänomen erklären könnten. Dann wird eine Hypothese erstellt, welche mit einem Experiment getestet wird. Daraus erstellt man eine Schlussfolgerung, welche entweder eine alte Theorie widerlegt, bestätigt oder eine neue formuliert. Viele solcher Theorien bilden den wissenschaftlichen Konsens. Er gilt als Wahrheit, bis er widerlegt wird. Interessenskonflikte, falsche Daten, Voreingenommenheit und Manipulation können Studien verfälschen, weshalb unabhängige Experten sie überprüfen müssen. So entsteht kollektives Wissen, was aufeinander aufbaut und in einem fortlaufenden Prozess die Wahrheit ergründet.

Wissen und Glauben sind grundverschieden, was nicht heißt, dass Spiritualität und Vertrauen in die wissenschaftliche Methode unvereinbar sind. Noch kann die Wissenschaft nicht alle Phänomene erklären, aber die meisten, mehr als es je eine Religion geschafft hat. Alles passiert aus einem Grund und Wissenschaft ist die hellste Lampe, die Licht ins Dunkle bringt. Einige Aspekte des Glaubens werden wohl durch die Wissenschaft nie erklärt werden können, wie manch ethische Frage. Dennoch leitet der deutlich robustere Prozess der Wissenschaft näher zur Wahrheit als religiöse Autoritäten.

Auf veralteten Vorstellungen zu beharren, trotz neuen Erkenntnissen, ist falsch. Um Probleme zu lösen, sind nachweislich falsche Vorstellungen zu verwerfen oder der Realität anzupassen. Neue Erkenntnisse aus der Wissenschaft haben uns Wahrheiten über die Erde und das Universum gebracht, uns Wohlstand mit Technologie beschert, uns von unzähligen Krankheiten geheilt und vieles mehr. Dasselbe kann man nicht von einem ignoranten „Gott will es so und es darf sich nichts verändern" behaupten.

Beruhigung und Trost kann uns die Wissenschaft leider nicht spenden. Auch Technologie wird uns nicht vor uns selbst retten, sie ist verantwortlich für die moderne Medizin, aber ebenso für die Atombombe. Auf der Suche nach Sinn und Halt muss sich am Ende jeder selbst begeben und dabei sich sowie das Universum kennenlernen. Es wäre beruhigend, eine Göttin zu haben die auf die Welt herabschaut, einen liebt und einen Plan für einen hat. Sollte es sie geben, interveniert und erscheint sie jedoch nicht. Sie versteckt sich, lässt Menschen leiden und Ungläubige existieren. Sind die vielen heiligen Bücher ihr Wort, oder doch Abbildungen von Wahnvorstellungen, Missinterpretationen und Machtinteressen? Sollte es sie geben, gab sie ihre Schöpfung in unsere Hände, um zu beobachten, was wir damit machen.

Du kannst ewig auf ein Zeichen deiner Gottheit warten, oder Frieden mit der Realität finden. Wir bestimmen unser Schicksal selbst und können, wie die Zeit, nur vorwärts gehen. Deine Existenz ist signifikant, denn du beeinflusst andere. Dein Leben ist das, was du daraus machst. Sich mit einem aufgezwungenen Weltbild abzufinden ist eine Verschwendung von menschlichem Intellekt.

MACHT UND KAPITAL

Gibt es Gott, lässt sie die Menschheit ihr Schicksal offenbar selbst bestimmen. Aber entscheidet dann über unser Schicksal? Welche Macht steuert die die Welt?

Wirtschaft bestimmt sehr viel in unserem Leben und war schon immer ein Motiv für Veränderung. Der Lauf der Geschichte bewegte sich meistens vorwärts mit sich weiterentwickelnden Konflikten zwischen Klassen. Aus Sklave-Sklavenhalter wurde Feudalherr-Leibeigner, nun steht eine diffusere, schwerer abzugrenzende, besitzende und bestimmende Klasse allen anderen entgegen. Entweder begehrte die unterdrückte Klasse auf oder die Herrschende versuchte, mehr Macht und Kapital zu erlangen, wodurch neue Gesetze, Steuern oder Krieg nötig waren. Seit der Neuzeit sind Technologie und Wissenschaft darüber hinaus eine treibende Kraft des Wandels. Die Revolution von Jäger und Sammler zum Ackerbau brachte die Entstehung der ersten Zivilisationen. Nun haben die industriellen Revolutionen und die digitale Revolution erneut unser Verhältnis zueinander und zur Natur grundlegend verändert.

Ökonomie ist sicherlich kompliziert, daher ein vereinfachtes Bild, um die Machtverhältnisse aufzuzeigen, speziell im allgegenwärtigen Neoliberalismus. Wirtschaft ist die Verteilungsfrage und die Marktwirtschaft eine mögliche Antwort darauf. Es müssen Ressourcen wie Boden, Umwelt, Kapital, Personal und Information aufgewendet werden, um die für das Wirtschaften entscheidende Nachfrage zu befriedigen. Wie kann sich eine Gesellschaft organisieren, um das erforderliche Angebot zu schaffen und die endlichen Ressourcen gerecht zu verteilen? Welche Resultate will man als Gesellschaft erzielen? Dies darf bei aller Theorie und abstrakten Überlegungen nie vergessen werden. Wenn eine Gesellschaft etwas will und die Ressourcen dafür vorhanden sind, ist alles möglich.

In der freien Marktwirtschaft ist die Angebotsseite privat und will möglichst viel zu möglichst hohen Preisen verkaufen. Wettbewerb und die Perspektive, dass private Akteure sich bereichern können, sollen für stetige Verbesserungen für Konsumenten sorgen. Die Mittel, Profit zu erzielen, spielen keine Rolle, ebenso wenig wie soziale oder ökologische Nachhaltigkeit des Wirtschaftens. Wenn Führungspersonen nur für einige Jahre über ein Unternehmen bestimmen, müssen selbst unternehmerische Entscheidungen nicht richtig oder nachhaltig sein, sondern nur kurzfristige Profite erwirtschaften, damit sich die Kapitalisten bereichern können - das Management hat gute Arbeit geleistet und wird dafür belohnt.

Wer in Lohnarbeit beschäftigt ist, neuerdings so gut wie alle, produziert einen Wert und verkauft seine Arbeit. Einen Teil des Werts erhält man zurück als Lohn, der andere Teil bleibt im Unternehmen, welches damit die Produktion bzw. Dienstleistungen aufrechterhält oder sie erweitert. Nach dem Einsatz des Kapitals verbleibt ein Mehrwert, der teils beim Kapitalisten bzw. der besitzenden Klasse bleibt. Managern, Vorständen, Aufsichtsräten oder Aktionäre bilden eine besitzende und bestimmende gesellschaftliche Klasse. So akkumuliert sich das Kapital bei den Reichen, wofür die

Beschäftigten ausgebeutet werden. Die Welt ist endlich, weshalb die Akkumulation, ebenso wie Wirtschaftswachstum, nicht bestehen kann.

Für mehr Profit werden Kosten externalisiert, sofern möglich. So werden die Kosten für Umweltzerstörung, Infrastruktur, Bildung der Arbeitnehmer oder notwendige Sozialleistungen aufgrund zu niedriger Löhne auf die Gesellschaft übertragen. Durch Konsolidierungen entstehen enorme Konzerne, die im Krisenfall ganze Volkswirtschaften mit sich runterziehen können. Eine „wirtschaftsfreundliche" Politik wird solche Konzerne dann auf Kosten der Allgemeinheit retten, eine wunderbare Versicherung für den Konzern, der skrupelloser agieren und Rücklagen reduzieren kann. Es ist eine Art Sozialismus für die Reichen, während sich der Rest mit einem rauen Kapitalismus begnügen muss. Arbeitslosigkeit ist hierbei nötig, um Wettbewerb auf dem Arbeits*markt* zu schaffen und Löhne drücken zu können. Armut ist nötig, um Angst vor Abstieg zu schüren – lieber doch keinen Betriebsrat gründen.

Der Prozess der Kapitalkonzentration wird getrieben von Egoismus und Gier, weshalb die besitzende Klasse ein großes Interesse hat, das angehäufte Vermögen zu behalten und auszubauen. Grundeigentümer und Großaktionäre leben von passivem Einkommen, sie wollen hohe Grundpreise, hohe Mieten, Wachstum und Profit um jeden Preis. Ihre Interessen stehen klar im Konflikt mit denen der Arbeiter oder Mieter. Kolonialismus und Imperialismus folgen aus dem Streben nach unendlichem Wachstum sowie der Notwendigkeit der Ausbeutung von Mensch und Natur. Wenn die Ressourcen der Erde vollständig erschlossen sind, muss ins All expandiert werden. Es ist nur eine Minderheit von Kapitalisten, die primär das Wohl des Unternehmens und der Belegschaft im Kopf hat, ganz zu schweigen vom Allgemeinwohl. Es würde sich einfach nicht lohnen. In einer ungezügelten, freien Marktwirtschaft entsteht so zwangsläufig eine Umverteilung von unten nach oben, der größte Teil der Bevölkerung verarmt langsam. Arbeitsbedingungen verschlechtern sich und Arbeit wird prekarisiert, wodurch die Reichen mehr „Flexibilität" erlangen. Auszubildende und Praktikanten werden ebenso ausgebeutet.

Das Kapital kann sich nicht ewig akkumulieren – es braucht Begleiterscheinungen wie Krisen, Arbeitslosigkeit und Armut, um einen vorübergehenden Ausgleich herzustellen.

Oben sammelt sich währenddessen ein unermesslicher Reichtum, den die Vermögenden als notwendig ansehen, den aber kein Mensch je für sich allein bräuchte. Gier ist, wie vieles im Menschen, eine evolutionäre Altlast. Was bringt einem der Reichtum, wenn man ihn nicht zur Schau stellt? Viele Menschen, die das sorgenfreie Leben der Reichen beobachten, verfallen schnell der Illusion, enorme Vermögen wären gerecht und sie könnten selbst einmal so reich werden. So wird die riesige Kluft zwischen Arm und Reich geduldet oder sogar verteidigt.

Ohne Regeln gewinnt der stärkste – Marktliberalismus nützt den Reichen am meisten. Ohne Regulierung werden die Akteure im ungezügelten Markt immer täuschen, ausbeuten und verschmutzen.

Mit großem Vermögen geht große politische Macht einher. Die Reichen bzw. Kapitalisten bilden in ihrer Gesamtheit eine diffuse politische Gruppe, die sich lose vernetzt, um gemeinsam Interessen durchzusetzen. Diese Gruppe nutzt ihre große Macht, um Vermögen und Einkommen vor den Massen der Bevölkerung zu schützen. Wie die Geschichte zeigt, passierte dasselbe bei Zentralverwaltungswirtschaften. Dazu kommen wirtschaftliche Machtpositionen wie Kartelle, Monopole, Oligopole. Wer große, nicht demokratisch legitimierte Entscheidungen treffen kann, kann die Politik erpressen mit Stellenabbau, Auswanderung und mehr. Gehör wird sich über Lobbyismus verschafft, wobei mit finanziellen Mitteln politische Kampagnen oder private Bereicherung ermöglicht werden. Ungezügelt kann die komplette Politik, auch bei Demokratien, den Interessen der Reichen verfallen. Der Rest der Bevölkerung muss verführt werden, eine Politik dulden oder ihr gar zustimmen, die gegen ihre eigenen Interessen ist.

Medien sind dazu der Schlüssel, die oft der Interessensgruppe von Oberschicht und Kapital zugehörig sind. Geld ist wie ein Megafon, Reiche können ihre Meinungen über beispielsweise Vernetzung mit Redaktionen, Werbung oder Kampagnen deutlich einfacher verbreiten. Dort sind die finanziellen Mittel, die sie für ihre Arbeit brauchen. Dort sind die Werbeeinnahmen, die viele private Medien zum Überleben brauchen. So wird beeinflusst, welche Themen Journalisten behandeln können und welche es eher nicht durch die Redaktionen schaffen. Auf die politische Agenda kommt fast nur, was in den Medien thematisiert wird. So verbreitet sich neoliberale Propaganda in den Köpfen der Menschen, die den Interessen der bestimmenden und besitzenden Klasse nützlich ist. Es sind Narrative wie die folgenden:

- ◆ Arbeitslose und Arme sind faule Parasiten. Reiche haben ihr Vermögen ehrlich verdient. Sozialstaat ist Geldverschwendung, sind Arme, die ein menschenwürdiges Leben wollen, nicht die wahren Gierigen?

- Streng dich an, dann kannst auch du Reich werden. Arbeitest du nicht hart genug oder verärgerst deinen Boss, wirst du arbeitslos – jeder ist seines Glückes Schmied.

- Geht es den Reichen gut, investieren sie und der Wohlstand wird an untere Schichten durchsickern. Großaktionäre sind keine Parasiten, schaut doch auf die Armen!

- Reichtum ist ein guter Lebenssinn.

- Alles was wirtschaftlich ist, ist nützlich. Alles was nützlich ist, ist wirtschaftlich.

- Staatliches Handeln ist prinzipiell ineffizient, unnötig, kontraproduktiv und macht dich arbeitslos.

- Du bist frei, wenn die Märkte frei sind. Ein armer Mensch ist so frei wie ein reicher.

- Solidarität ist Schwäche.

- Eigentum kann wichtiger sein als ein Menschenleben.

- Akzeptiere die Situation, denn es gibt Menschen, denen es schlechter geht. Auch Armut kann romantisch sein. Außerdem gab es schon immer Arme, dann muss es doch normal sein.

- Individuen sind schuld am Problem, nicht die Politik oder das Wirtschaftssystem.

- Persönlichkeit und Außenwirkung von Politikern sind wichtiger als deren Inhalte.

- Linksextremismus ist wie Rechtsextremismus. Marktliberalismus ist keine Ideologie, sondern normal.

- Arbeitgeberverbände sind objektive Gesprächspartner.

- Lohnsenkungen in der Krise sind für das einzelne Unternehmen gut, also auch für die Gesamtwirtschaft. Dadurch wird der Arbeitsmarkt geräumt und die Wirtschaft gerät wieder in Gleichgewicht. Eingriffe vom Staat sind hier und auch generell kontraproduktiv.

- Sieh nur die Symptome, fokussieren wir uns auf sie, statt die unbequemen Ursachen zu ergründen.

- Streitet euch, wofür das Steuergeld ausgegeben werden soll, schaut nur nicht in die Taschen der Reichen, oder wohin deren Geld fließt. Seht die Steuerverschwendung oder wie gut manch Armer lebt.

- Widerstand gegen das System ist zwecklos. Veränderungen sind gefährlich und machen euch arbeitslos, sieh nur die ganzen Hürden. Ungerechtigkeiten beheben ist kompliziert und lohnt sich eh nicht. Seid lieber eurem Chef dankbar, dass ihr überhaupt Arbeit habt.
  Ökonomie ist eine objektive Wissenschaft und Leute, die der Auffassung mancher Ökonomen widersprechen, verstehen nur Wirtschaft nicht, sind neidisch oder verrückt. Die Märkte sind vollkommen, hört endlich auf, Ethik mit ins Spiel zu bringen! In der Neoklassik kann man so schön

mathematisch werden, es muss doch logisch und objektiv sein!

Mikroökonomische Theorien, wie das finanzielle Verhalten einer Familie, können unbedenklich auf Makroökonomie, wie das Haushalten eines Staates, übertragen werden. Staatsverschuldung ist prinzipiell schlecht.

Dieses Wirtschaftssystem ist natürlich, denn Menschen sind Egoisten. Alternativen führen zwangsweise in Diktatur und Armut.

Meist ist es subtiler, Vorsicht ist geboten. Manche verbreiten solche Narrative, ohne es zu merken. Auch ohne Misinformation oder Desinformation können politische Ziele verfolgt werden: Themen oder Aspekte zu verschweigen oder zu betonen setzt die politische Agenda – selektive Hervorhebung. Framing ist hierbei auch nützlich.

Neoliberale Propaganda soll hoffnungslos, apathisch und resigniert machen damit man Ungerechtigkeiten duldet, akzeptiert oder, im Idealfall, verlangt. Probleme werden mit einer eigenen Unternehmenssprache voller Euphemismen verschleiert. Es ist faszinierend, wie beispielsweise viele, auch in Mittel- oder Unterschicht, es rechtfertigen, dass Vollzeittätige arm sind oder ganze Schichten verarmen, während sich oben ein obszöner Reichtum sammelt. Kräfte, die mit dem nötigen politischen Gewicht Großes schaffen könnten, werden nicht unterstützt, da sie dem geblendeten Auge als gefährlich oder unwirksam erscheinen. Wichtige wirtschaftliche und soziale Themen, bei denen sich denen der Klassenkampf von oben nach unten offenbart, werden verschwiegen oder mit Fehlinformationen attackiert, wodurch Forderungen der Gegner des Systems auf Unverständnis treffen. Vorschläge werden, egal wie sinnvoll, als radikal und realitätsfremd abgestempelt. Politiker mit Herz für die Sache, kämpfend für die breite Masse, sehen die Apathischen als Teil des Problems an, weil alle anderen korrupt sind. Gesellschaftspolitische Diskussionen, Kriminalität oder Sport werden in den Vordergrund gesetzt. Viele Verlierer des „Systems" geben tatsächlich den politischen Prozess auf, dass er ihre Situation noch verbessert. Damit begraben sie erst recht die Möglichkeit, gehört zu werden. Die Propaganda funktioniert.

Es entsteht eine Illusion von Freiheit. Im Privaten kann man seine Konsumgüter, Dienstleister oder Vermieter etc. wählen. Man kann seinen Job kündigen, wenn man Unzufrieden ist. In vielen Staaten kann man auch seine Politikerinnen wählen. Letztendlich ist die Entscheidung jedoch stets davon begrenzt, welche Produkte der Markt anbietet oder welcher Arbeitgeber weniger ausbeutet. Man kann sich nicht dazu entscheiden, nicht zu essen oder nicht zu wohnen, weshalb man in Lohnarbeit muss um denen, die Wohnraum und Nahrung besitzen, zu geben was sie wollen: Geld. Sind alle Politiker korrupt, kann man auch dort nur das kleinere Übel wählen, es bleibt jedoch ein Übel.

Bei vielen Konsumgütern kann ein Markt, sofern Konkurrenz möglich ist, zufriedenstellende Ergebnisse für die Konsumenten liefern. Doch ist dieser Mechanismus perfekt? Kleinunternehmertum wird im heute dominierenden Wirtschaftssystem des Neoliberalismus stets als Positivbeispiel und fundamental zitiert, obwohl fast jede Marktnische von einem Großkonzern oder Oligopol bedient wird. Mit einem kleinen oder mittleren Unternehmen davon Marktanteil abzugewinnen, wird so beinahe unmöglich, was der Fantasie einer demokratischen, innovativen und gerechten Dynamik widerspricht. Immer häufiger wollen die Entscheidungsträgerinnen und Investorinnen nur den richtigen Zeitpunkt finden, für größtmöglichen Profit ihre Anteile zu verkaufen, was langfristige und nachhaltige unternehmerische Entscheidungen behindert – Stichwort Exit-Kapitalismus. Die oft beschworene Effizienz des Marktes ist weiterhin dafür verantwortlich, dass überall Mittelsleute lauern und ihren Anteil bekommen. Produkte, die zu sehr günstigen Stückzahlen produzierbar sind und dessen Technik seit Jahrzehnten ausgereift ist, sind letztendlich doch um ein Vielfaches teurer, als sie sein könnten. Bei anderen Produkten dauert es Jahrzehnte, bis Innovationen bei den breiten Massen ankommen – also erschwinglich sind – beispielsweise wegen abartigem Patentrecht, fehlender Konkurrenz, Kartellen oder Profitgier. Um die volle Funktionalität ihrer Produkte erhalten, müssen Kunden zudem oft für die teuerste Produktvariante zahlen. Überall sonst sind unnötige Beschränkungen und Abwertungen. Die meisten Produkte werden mit einer begrenzten Lebensspanne entwickelt, was teuer für Konsumentinnen ist und Berge aus Müll produziert. Mit einer ewig haltbaren Lampe würde irgendwann niemand mehr Lampen kaufen. Auch Reparaturen sind „unwirtschaftlich" und werden daher behindert. Zusammen mit Modeerscheinungen entsteht eine Wegwerfgesellschaft, eine enorme Verschwendung von Ressourcen.

Zudem gibt es im „effizientesten" Wirtschaftssystem mittlerweile viele, die ihre Tätigkeiten für sinnlos halten, mit denen man jedoch den Lebensunterhalt verdienen kann. Es ist das Phänomen der sogenannten „Bullshit-Jobs". Es gibt Jobs, die existieren, damit andere sich wichtiger fühlen. Manche existieren nur, weil andere sie haben, wie Lobbyisten, Marketer oder Soldaten. Manche existieren nur, um die Fehler anderer auszuhebeln. Manche Jobs bestehen im Management von Mitarbeitern, die es nicht bräuchten. Durch Angst vor Arbeitslosigkeit und Armut entsteht eine ungesunde Kultur, beschäftigt wirken zu müssen, obwohl man der Entbehrlichkeit seiner Tätigkeit bewusst ist. Zusätzlich, anstelle sinnvoller Beschäftigungen, die Gesellschaften Wert schaffen wie in Industrie, Bildung, Gesundheit, Infrastruktur, Wissenschaft oder Ehrenamt, gibt es zu viele, die nur Ressourcen verschieben oder verbrauchen. Die „Nachfrage" von Firmenanwälten, Lobbyisten und Hochfrequenzhändlern ist hoch wie nie. Je sozialer der Beruf, desto asozialer die Bezahlung – alles was nützlich ist, ist wirtschaftlich.

Die Mittel der mächtigen Kapitalisten, ihre Interessen durchzusetzen, sind vielfältig und würden ungezügelt vor nichts zurückschrecken. Die Konzentration von Kapital steht so im Widerspruch zur demokratischen Machtkontrolle. Für einen gesunden demokratischen Prozess muss entweder Kapital von Macht entkoppelt werden oder das Kapital umverteilt werden. Verblendete, Ignorante und Gehorchende Menschen lassen sich leicht kontrollieren, was schon seit Anfang der Zivilisation ausgenutzt wurde. Institutionalisierte Religion war hierfür bisher immer nützlich. Heute sind die Fesseln nicht mehr am Fuß, sondern im Kopf.

Politik regelt das gesellschaftliche Zusammenleben. Die Gesellschaft muss darüber also sicherstellen, dass vom Wirtschaften die besten Ergebnisse für die meisten Menschen entstehen. Egoismus und Gier müssen ausgebremst werden, damit nicht auf Kosten der Allgemeinheit Profit für Wenige gemacht wird. Ökonomie darf nicht nur als Wissenschaft gesehen werden, sondern auch als Philosophie. Wir müssen uns überlegen, welche Ergebnisse wir für erstrebenswert halten, woraus Wirtschaftspolitik abzuleiten ist – also unsere Antwort auf die Verteilungsfrage. Wollen wir eine gerechte und nachhaltige Verteilung von Ressourcen oder Profitmaximierung und Ausbeutung im Dienste der Oberschicht?

Wirtschaftswachstum wird von marktliberalen Kräften als zentrales Ziel gesetzt. Die besitzende Klasse benötigt es, um Rendite mit ihren Investitionen erwirtschaften. Theoretisch werden durch mehr Wirtschaft mehr menschliche Bedürfnisse gedeckt, doch braucht ein entwickelter Staat, in dem eigentlich genug für alle produziert wird, wirklich immer mehr Wachstum? Auf einer endlichen Welt ist endloses Wachstum unmöglich, höchstens technologischer Fortschritt kann es vorübergehend sozial und ökologisch nachhaltig ermöglichen. Mehr Wirtschaften benötigt ansonsten zwingend mehr Ressourcen- und Energieverbrauch. Für Wachstum ohne technologischen Fortschritt ist das Wirtschaftssystem von der fortschreitenden Ausbeutung abhängig, ob von der Natur, eigener Gesellschaftsschichten oder niedrig entwickelter Staaten. Mit Mechanismen wie Freihandelsabkommen – eigentlich Investorenrechtsschutzabkommen – werden in armen Ländern Ressourcen von den schwächsten genommen.

Um die erste industrielle Revolution herum sagten einige voraus, dass mit der Entwicklung der Industrie die Arbeiter und Arbeiterinnen geeint werden. Von globale Transportwege und standardisierte, arbeitsteilige Produktion sollten alle Branchen in den entwickelten Ländern betroffen sein. Die geeinten Arbeiter, welche allesamt in irgendeiner Form ausgebeutet werden und dessen Löhne weiter sinken, begehren irgendwann auf. Eine letzte Arbeiterrevolution sollte alle Produktionsmittel in die Hand von freien, assoziierten Individuen bringen.

Die Geschichte zeigte allerdings, dass der Kapitalismus widerstandsfähiger und anpassungsfähiger ist als vermutet. Er brach, trotz starker Globalisierung, noch nicht zusammen, sondern breitete sich sogar weiter aus, meist in Form einer Mischung zwischen Staat und freiem Markt. So wurden Mechanismen geschaffen, die die Akkumulation von Kapital und die Ausbeutung ausgleichen können. Einige von Sozialisten angestrebte Aspekte wurden bereits mehr oder weniger implementiert. Diese Errungenschaften werden allerdings permanent angegriffen: öffentliches Grundeigentum, Progressivsteuer, begrenztes Erbrecht, Nationalbanken, staatliches Transportwesen, Schulpflicht und freie Bildung.

Der prophezeite Zusammenbruch muss also nicht zwangsläufig geschehen, auch wenn der Kapitalismus einen selbstzerstörerischen Charakter hat. Für den einzelnen Kapitalisten wäre Sklaverei ideal, also Arbeitskraft zu bekommen ohne Lohn zahlen zu müssen. Würde aber niemand Lohn erhalten, gäbe es keine Nachfrage und damit weder Wirtschaft noch eine Kapitalakkumulation. Will man den Kapitalismus nicht abschaffen, muss man ihn zügeln oder man fährt gegen eine Wand. Steuern und Regulierungen sind daher unerlässlich, um das akkumulierte Kapital wieder zur Allgemeinheit zu bringen und Spielregeln festzulegen.

Nur wer soll besteuert werden? Wohin sollen die Einnahmen des Staates fließen? Was muss reguliert werden? Die Reichen versuchen aus Eigeninteresse die Steuereinnahmen zu sich selbst zu bringen. Außerdem sollen die Regulierungen ihnen zugunsten schwach sein. Im Gegensatz dazu braucht die Allgemeinheit Investitionen in Bildung, Infrastruktur, Pflege, Gesundheit und mehr. Durch öffentliche Investitionen wird Realwirtschaft gestärkt, nicht die wackelige Finanzwirtschaft. Aufgrund steigender Nachfrage kommt dies auch der Gesamtwirtschaft zugute, nur können sich damit nur schwer Individuen bereichern. Arme Menschen, gibt man ihnen mehr, werden zusätzliches Geld ausgeben für reale Waren und Dienstleistungen, wohingegen Steuergeschenke für die Reichen in Vermögen, Steueroasen oder unnötigem Luxus enden.

Nur weil etwas wirtschaftlich ist, ist es nicht unbedingt nützlich. Wie viele bahnbrechende Neuerungen sind uns schon entgangen, weil Tausende begabte Geister ihre Zeit damit vergeudeten, komplexe Finanzdienstleistungen zu schaffen, Profite zu maximieren oder Marketingkampagnen auszuarbeiten, die falsche Versprechungen machen? Wie viele potenziell weltbewegenden Menschen sind schon verhungert oder sind ihr Leben lang von Armut zurückgehalten worden? Leider sind im heutigen Neoliberalismus die finanziellen Anreize nicht immer bei nützlichen Tätigkeiten. Wissenschaftler, Lehrer oder Beschäftigte in der Pflege leisten z.B. sehr wertvolle Arbeit, die aber wirtschaftlich nicht genug wertgeschätzt wird. Was, wenn nur ein Drittel der weltweiten Militärausgaben in die Wissenschaft investiert würde? Der Krebs wäre schon lange besiegt.

Der moderne Wirtschaftsliberalismus hat scheinbar viele in weniger entwickelten Regionen aus extremer Armut geholt, auch wenn der größte Teil auf Technologie, Korruptionsbekämpfung und staatlichem Handeln wie Infrastrukturausbau zurückzuführen ist. Die Kehrseite ist allerdings eine starke Entsolidarisierung und die Verarmung der unteren Schichten entwickelter Staaten. Löhne wurden gedrückt, Arbeit prekarisiert, Infrastruktur und öffentlicher Dienst verwahrlost, Umwelt verschmutzt oder zerstört. Gesellschaften wurden enteignet, indem öffentliche Güter privatisiert wurden. Statt Investitionen in das Allgemeinwohl wurde Militarisierung bevorzugt. Macht geht über Geld, auch in den „Demokratien". Das Miteinander wird egal, denn wir sind unseres eigenen Glückes Schmied. Politische Apathie macht sich breit statt Empörung, was einen Ausweg erschwert.

Die Wirtschaft befindet sich erneut in einem fundamentalen Wandel. Die Informationstechnische Revolution und das Aufkommen von künstlicher Intelligenz wird mittelfristig fast alle repetitiven Aufgaben – diesmal auch geistige Tätigkeiten – automatisieren. Außerdem wird die Menge an benötigter menschlicher Arbeit abnehmen, weshalb Arbeitszeitverkürzung vor Massenarbeitslosigkeit schützen muss. Die Weichen müssen richtiggestellt werden und Beschäftigte in gefährdeten Berufen müssen sich umschulen können. Es besteht die Chance, dass diese enorme Produktivitätssteigerung alle bereichert. Dafür muss der zusätzliche Wohlstand aber umverteilt werden, sodass nicht wieder nur die Besitzer der Software und der Fabriken die Zugewinne des technischen Fortschritts abschöpfen.

Diesen Dynamiken müssen Gesellschaften mit Aufklärung, Empörung und Klassenbewusstsein begegnen. Alle müssen wissen, wo sie stehen, wer an der Macht ist, wie der Wohlstand verteilt ist und was die herrschende Klasse mit welchen Mitteln versucht, ihre Macht zu sichern und auszubauen.

MENSCHLICHE ABGRÜNDE

Ignoranz vor Sachen, die wir nicht kennen, sowie Unwille, über das Unbekannte zu lernen, führen zu Angst vor dem Unbekannten führt zu Hass vor dem, was einem Angst macht führt zu Zerstörungswut vor dem, was man hasst.

Die Menschheitsgeschichte ist schwer gezeichnet von Folter, Mord und Hassverbrechen. Terrorismus, Holocaust, Sklaverei, chinesische Kulturrevolution, spanische Inquisition, rote Khmer. Es ist immer wieder erschreckend anzusehen, was Menschen anderen Menschen antun können. Wie kommt es, dass wir uns noch nicht kollektiv darauf geeinigt haben, einander nicht mehr zu töten? Ist der Menschenhass vielleicht unvermeidbar? Bevor man Lösungen suchen kann, muss erst das Problem verstanden werden.

Manche Angst ist begründet, wie Angst vor Schmerz und Tod, nur muss sich daraus nicht zwangsläufig Zerstörung entwickeln. Angst bringt evolutionäre Altlasten in uns hervor, wir handeln dann nicht mehr rational. Verliert man seine Rationalität, verliert man seinen Verstand, Individuum sowie Gesellschaft. Es können Bedrohungen gesehen werden, die nicht einmal real sind. Geht der Geist dann von der defensiven Angst in den Hass und die offensive Zerstörungswut, kann es das Falsche treffen und sehr destruktiv sein. Besonders gefährlich wird es, wenn solch ein Hass eine Gesellschaft erfasst.

Es gilt, dem Menschenhass den Nährboden zu entziehen, also der Ignoranz. Ist der Hass schon dort, braucht man soziale Arbeit, die ihn mit Rationalität zurückdrängt, um Radikalisierungsschritte zu verhindern.

Wenn ignorante Leute zur falschen Zeit von Hasspredigern etwas in den Kopf gesetzt bekommen, passieren Gräueltaten. Unterschätze nie die Kraft einer Gruppe von Dummen. Menschen, gerade Jugendliche, suchen nach Sinn, Halt und Identität. Gefährliche Strömungen haben fast immer einen organisatorischen, geistigen Überbau. Sie agieren als Gruppen, die in sich solidarisch sind und sich gegenseitig anheizen, wie ein Stamm in der Urgeschichte. Die Geschehnisse werden verkehrt und widersprüchlich eingeordnet, um die eigene Realität zu verteidigen und zu bestätigen – ein Rezept für Hass, Verschwörungstheorien und Wahn. Der Mensch sehnt sich nach Anerkennung, ob von den Eltern, Freunden, sexuell, vom Chef oder der Gesellschaft allgemein. Hassprediger bieten eine simple Ideologie, Gemeinschaft, Bestätigung, Halt und Perspektive – verständlicherweise sehr verlockend. Es nimmt also gerne religiöse Züge an. Leicht beeinflussbare, einsame Menschen mit einem wegschauenden Umfeld, unaufgeklärt und nur kritisch gegenüber widersprechenden Meinungen, können sich so in einer düsteren Spirale wiederfinden.

Bei Bewegungen von Realitätsverweigerern versucht man oft, trotz z.B. schwachsinniger Hetze gegen Minderheiten, sich als Opfer und Freiheitskämpfer dazustellen, um legitimer und friedlicher zu wirken, denn Selbstverteidigung ist moralisch vertretbarer. Es werden Narrative aufgebaut von einer Meinungsdiktatur, nur weil ihre Theorien außerhalb der Filterblase kritisch hinterfragt werden, oder dort gefährlicher

Menschenhass nicht geduldet wird. Außen erwachsen aber von innen ein trotziges Kind, getrieben von Angst statt Verstand, soll der konstruierte Fiebertraum einer Realität am Leben erhalten werden, wodurch man sich tiefer in die eine eigene geistige Höhle begibt.

Das Phänomen der kognitiven Dissonanz spielt, wie bereits angedeutet, bei diesen Dynamiken eine zentrale Rolle. Jeder Mensch lebt in seiner eigenen Realität, einer eigenen Welt, was man sich als Haus vorstellen kann. Wir brauchen das Haus für Schutz und Wärme. Unsere eigene Welt wird erbaut durch uns selbst mit den Bausteinen, die Umwelt und Gesellschaft uns geben. In einer aufgeklärten Kultur sind diese Bausteine rein, bestehen also aus wissenschaftlich fundierten Tatsachen. Unreinheiten wie Menschenhass und Gewalt sind nach dem Bau nur schwer aus den Wänden zu entfernen. Wir werden obdachlos und nackt geboren. Als Kind baut man sich eine erste, wackelige Unterkunft, welche am Ende der Kindheit stabiler geworden ist, weil man das Haus oft ausbesserte, also ein grundlegendes Verständnis für die reale Welt erworben hat. Je älter man wird, desto anstrengender wird das Bauen, also lässt man es eher sein und bleibt in seinen vertrauten vier Wänden.

Wird man mit einer Tatsache konfrontiert, die nicht in die eigene Realität passt, verdrehen wir eher die Fakten bis die Tatsache passt, statt unser Weltbild anzupassen. Der Stein passt nicht, aber die Wand darf nicht zusammenbrechen. Ein Erdbeben entspricht einer existenziellen Krise, einem Schock. Entweder wir verbessern unser Haus Stein für Stein, oder ein Erdbeben zerstört alles und wir müssen von vorne anfangen. Mit wachsender Leidenschaft können sich Überzeugungen so weiter festigen. Stark überzeugte Menschen, wie politisch stark Engagierte, laufen so in Gefahr, in altvertrauten Denkmustern gefangen zu sein. Man lebt lieber in der Täuschung, als sich überzeugen zu lassen, dass es eine Täuschung ist. War die ganze investierte Energie nicht umsonst, wenn man sich nun erschüttern lässt?

Überzeugungen und Ideale geben einem Halt. Es erfordert Aufmerksamkeit und Mut, Tatsachen zu akzeptieren, die einem selbst widersprechen. Mut, sich nicht aus Bequemlichkeit und Angst zu verschließen.

"Ungesunde" Gruppendynamik kann ebenfalls menschliche Abgründe offenbaren. Aggressivität, Hass und das Bedürfnis, sich vor seiner Gruppe beweisen zu wollen, führen potenziell bei nicht empathischen, ignoranten Menschen zu scheußlichen Schikanen und Misshandlungen. An Schulen treffen junge Menschen aufeinander, die auf der Suche nach Identität, Erfüllung, Kontrolle und einem besseren sozialen Status sind. An solchen Orten unter dem Schutz der Gruppe entsteht beispielsweise Mobbing, wo auch persönliche Minderwertigkeitskomplexe, Machismo und Frustrationen die Misshandlungen befeuern. So werden Jugenden ruiniert, was Langzeitfolgen für Betroffene hat – Hass entsteht.

Eine weitere Gefahr bei Gruppen, gerade jugendlichen, besteht in deren Tendenz ihre Grenzen ausreizen und aus auferlegten Strukturen ausbrechen zu wollen. Sie gehen gerne an körperliche, geistige und gesellschaftliche Grenzen und brauchen den Freiraum, das zu tun, solange es harmlos gegenüber anderen ist. Bei gleichgültigen Gesellschaften mit zementieren Ungerechtigkeiten kann dies zu positiven Veränderungen führen. Reichen Empathie und Bildung nicht aus und "löst" die Gesellschaft Probleme normalerweise mit Gewalt, kann die Gruppe nicht friedliche, zielführende

Antworten auf ihre materiellen Probleme finden. Läuft die Gruppe dann in die Fänge von Menschenhassern, sind Extremismus und Gewalt die Folge. Über Vorurteile lassen sich Ignorante leichter beeinflussen als durch Logik.

Menschenhasser, die durch ihre Ignoranz Zusammenhänge nicht angemessen interpretieren, machen immer wieder willkürlich Minderheiten für Probleme verantwortlich, statt die Rolle der Mächtigen zu erkennen. Sie kennen ihre wahren Feinde nicht. Solche Spaltung soll für eine „wir gegen die"-Mentalität sorgen, was sich sehr leicht instrumentalisieren lässt. Antisemitismus beispielsweise führte in die schreckliche Katastrophe des Holocaust. Nächstes Mal könnte es Menschen mit genetischen Veranlagungen wie ungewöhnlicher Körpergröße oder Haarfarbe treffen.

Im Falle von Rechtsextremen liegt eine gefährliche gesellschaftspolitische Vision der Grenzen vor. Minderheiten wird die Menschlichkeit abgesprochen, um Missbrauch zu rechtfertigen. Das Verlangen nach Stabilität sowie ethnischer, moralischer und politischer „Sauberkeit" führt zu Leid, Tod, Abbau von Menschenrechten, Autoritarismus, Zwang und Unfreiheit. Wer sonst nichts vorzuweisen, kann immerhin auf die Nation oder die Ethnie stolz sein, der man angehört.

Macht enthüllt Charakter, sie verstärkt dabei eher schlechte Eigenschaften. Frust, Minderwertigkeitsgefühl, Egoismus, Ignoranz und Gier sind, gepaart mit undemokratischer, ungezügelter Macht für eine Person, gefährlich. Es folgen Überheblichkeit und Machtmissbrauch zur Unterdrückung anderer Meinungen in verschiedenen Ausmaßen.

Die Informationstechnische Revolution hat vieles drastisch verändert, oft positiv. Darunter aber auch

Gesellschaftsdynamiken. Es ist schön, unter Gleichgesinnten zu sein, nur verschließt es einen vor anderen Menschen und deren Meinungen. Gruppenbildung über soziale Medien birgt daher die Gefahr, Filterblasen zu schaffen, wo man aus Bequemlichkeit undifferenziert bleibt, die Wahrheit verdrängen kann und sich gegenseitig radikalisiert. Früher hat der Dorftrottel auf dem Marktplatz seinen Schwachsinn gebrüllt, heute findet er online schnell Gleichgesinnte, die ihm zuhören, Bestätigung geben und Halt bieten. Ohne moderierende soziale Kontrolle kann auch problemlos gefährlicher Menschenhass verbreitet werden. Dabei wird sich gerne auf Meinungsfreiheit berufen, während man Ereignisse verdreht bis sich die eigenen Vorurteile bestätigen. Auch wird durch das Internet das vernetzen mit Menschen mit gleichen Interessen deutlich einfacher. Allerdings fragmentiert sich so auch Kultur, da eine Gesellschaft, anders als bei „traditionellen" Medien, nicht mehr dieselben Themen oder dieselbe Kunst hat.

Man muss lernen, mit der unmittelbaren Verfügbarkeit beinahe aller Informationen klarzukommen. Die Wahrheit wird irgendwo zu finden sein, ist aber oft schwer zu finden im Informationsmeer, wo zu oft überspitzt, verfälscht, aus dem Kontext gerissen und gelogen wird. Um Aufmerksamkeit zu erreichen, werden Angst und Gewalt instrumentalisiert, da sie uns Menschen aus evolutionären Gründen fesseln. Ohne Medienkompetenz verirrt man sich schnell, das Internet eignet sich dann kaum noch zur Informationsbeschaffung. Fast egal welche Haltung man hat, es wird sich irgendwo Bestätigung finden, wie falsch sie auch sein mag. Übermäßiger Medienkonsum kann überreizen und die Realität verblenden, denn die Welt, die man durch die Medien sieht, scheint irgendwann realer. Mediensucht konsumiert einen irgendwann selbst. Die Menschen sind mehr verbunden denn je, es besteht jedoch die Gefahr sich gleichzeitig voneinander zu entfernen.

Es besteht die Gefahr, ein passiver Beobachter zu werden. Kleine digitale Interaktionen wie ein Like eines Protestspruchs ersetzen keinen Aktivismus auf der Straße und bei den Menschen, auch wenn ein Klick von Zuhause aus bequemer ist. Inhalte dort haben trotzdem reale Konsequenzen, die nie unterschätzt werden dürfen.

Ohne Medienkompetenz in einer aufgeklärten Bevölkerung verstärkt sich mit dem Internet eine Vertrauenskrise gegenüber Experten. Aus dem Informationsüberfluss ist es manchmal schwierig, wissenschaftlich Fundiertes zu finden. Ist Pseudowissenschaft einmal im Kopf, glaubt man fast nur noch den Pseudowissenschaftlern. Verschlimmernd ist die Tendenz inkompetenter Menschen, ihr Wissen über ein Thema zu überschätzen.

Der Mensch tendiert dazu, sich selbst als moralisch überlegen zu sehen. Er ist auch lieber gegen als für etwas. Er mag einfache, kategorisierbare Zusammenhänge. Negatives wird auch gerne verdrängt, wodurch Nostalgie die Geschichte beschönigt und die Sicht verblendet.

Aus eigener Unzufriedenheit soll eine alte Ordnung wiederhergestellt werden, um einen diffusen Angriff auf die Werte „abzuwehren". Neuerdings fühlen sich manche Gruppen angegriffen, weil andersartige Menschen ihre Rechte erfolgreich einfordern, wodurch man deren Rechte nicht mehr angreifen kann. Aus Angst vor der Zukunft und den absehbaren Veränderungen, Angst vor der komplizierten Welt oder aus Unzufriedenheit mit seiner wirtschaftlichen Lage sehnt man sich nach einer verzerrten, nostalgischen Scheinrealität.

Gewalt und Hass verbreiten sich in einem Sumpf aus Armut, Unsicherheit, sozialer Ungleichheit, Habgier, Ignoranz, Perspektivlosigkeit, Beschäftigungslosigkeit, Verschmutzung, Kriminalität, Zwang, Unfreiheit, gescheiterten Existenzen, Not sowie, ironischerweise, Gewalt und Hass. Die Bedürfnispyramide zeigt, wie ein Mensch grob seine Prioritäten legt. Findet man sich in solch einem Sumpf wieder, werden Selbstverwirklichung, Wertschätzung und das soziale Bedürfnis schnell sekundär. Das Bedürfnis nach Sicherheit und Überleben frisst alles andere auf, Hungernde können nicht klar denken. Das Ausbrechen aus dem Sumpf wird damit noch schwerer. Dies sind daher Zustände, die das gesellschaftliche Klima vergiften und die eine Gesellschaft unbedingt vermeiden muss.

In öffentlichen Debatten wird Zukunft gestaltet. Ungerechtigkeiten werden von Aufgeklärten angeklagt und die Bevölkerung muss überzeugt werden. Wird angeklagt, stehen die Aufgeklärten zunächst vor Ahnungslosigkeit, Desinteresse oder Widerstand. Statt sich konstruktiv zu beteiligen, stehen oft viele gegen jede Veränderung, allen voran Konservative und Reaktionäre. Es ist vernünftig, vor großen Ideen und Veränderungen ihre Richtigkeit zu prüfen, um nichts zu überstürzen. Manche Idee hat vielleicht unberücksichtigte Konsequenzen, die sich erst in Jahrzehnten zeigen.

Jedoch neigen viele zur Irrationalität. Es sind Unreflektierte, ängstlich vor Veränderungen und überzeugt von ihren Vorstellungen. Sie versuchen, ihr Weltbild mit allen

Mitteln zu schützen mit einer Flucht in wilde Fantasien und Theorien. Mit trotzigen Kindern ist schwer zu diskutieren. Es beginnt mit Hass, Tabuisierung und Leugnung. Setzt sich die öffentliche Debatte fort wird relativiert, abgelenkt, werden Lügen verbreitet, Opfern mit Tätern vertauscht, Fakten verdrängt oder aus dem Kontext gerissen. Die Debatte soll verzerrt werden, indem auf Tradition, Familie, Kultur, Ordnung, „Recht", Moral, Gefahr, Volk, Nation oder Stabilität verwiesen wird. Ist die Debatte verloren und die Veränderung steht bevor, wird sie widerwillig hingenommen und es wird der Untergang oder eine Degenerierung ausgerufen. Nach ein wenig Zeit sind die neuen Gegebenheiten dann die Norm, man erkennt, dass die Welt nicht untergegangen ist und es wird von den meisten akzeptiert. Der Fokus rückt auf andere Themen.

Von Religiösen und „Rechten" werden bei Fortschritt gerne Untergang und Degenerierung ausgerufen aus Angst vor Veränderung und einem Mangel an Fantasie. Heute, in entwickelten Staaten, löst sich der eiserne Griff der institutionellen Religionen, was für Menschen mit festem Glauben sicher erscheint, als fahre die Gesellschaft auf einem Schiff ohne moralischen Kompass in die stürmische See hinaus. Doch der Kompass existiert in jedem als gesunder Menschenverstand, einer inhärenten Menschheitskultur. Die Welt geht nicht unter, nur weil man sich mit Themen, die früher Tabu waren, rational auseinandersetzt und dementsprechend handelt.

Diese Dynamik war schon in Debatten um Kinderarbeit, Bleivergiftung oder Arbeitnehmerrechten zu beobachten, sie wird bei Unaufgeklärten bestehen bleiben. Heute ist Rechtspopulismus eine Reaktion auf die Geltungsansprüche von Frauen und Minderheiten, getrieben durch die neoliberale Entsolidarisierung der Gesellschaft. Die Reaktion ist jedoch ein Trugschluss, da die Verantwortung für Knappheit und Unsicherheit von den wahren Profiteuren meist auf Minderheiten geschoben wird. Es wird organisiert, um zu hetzen, wobei das Internet ein nützliches Werkzeug ist. Menschenverachtung und Hass wollen Rechtspopulisten wieder normalisieren und legitimieren. Den Lehren aus der Geschichte aus dem Blick werden Denkmäler beschmiert und Gegner eingeschüchtert, bedroht oder angegriffen. Wenn die Geschichte nicht passt, soll sie eben neu geschrieben werden. Verrohung und Gewalt werden gerechtfertigt mit der erbarmungslosen Natur. Menschen entspringen zwar dem Tierreich und tragen die Natur noch in sich, wir erhoben uns aber, um mehr zu werden als ein Tier. Wir besitzen Selbstbewusstsein, Langsichtigkeit, Kommunikationsfähigkeit, Vernunft und Empathie wie keine andere Spezies. Wir sind soziale Wesen, die allein verkümmern würden und die durch äußere Zwänge zu Untaten genötigt werden. Mit genug Empathie, Aufklärung und Willen können wir Konflikte lösen, ohne zu morden.

Die „andere Seite" der Empörten, der friedfertigen und sozialen Menschen, die Veränderung herbeisehnen, wird oft als politisch links bezeichnet. Sie beanspruchen für sich, aufgeklärt und empathisch zu sein. Sie orientieren sich eher an Wissenschaft, sie durchschauen am ehesten die Spielchen der Mächtigen und Reichen. Die politische Linke hat allerdings auch Probleme. Ihr steht ein schlechtes Image bei, welches zugunsten der Reichen von privaten Medien aufrechterhalten wird. Entweder werden sie dadurch als radikale Utopisten mit wirkungslosen, kontraproduktiven, gefährlichen Fantasien wahrgenommen, oder als Teil des Systems, die auch nichts ändern können und, sollten sie an die Macht kommen, schnell der Korruption verfallen. Letzteres denken vor allem die Zyniker, die jede Veränderung als hoffnungslos abtun und diejenigen als naiv bezeichnen, die Probleme angehen wollen. Es legt sich ein staubiges und gruseliges Image auf Linke Ideen, egal ob sie richtig, also von Experten geprüft, sind. Sie führen angeblich zwangsweise in menschenfeindliche Diktaturen und können daher nicht funktionieren.

„Linke" können jedoch auch engstirnig und undifferenziert sein, da es, genau wie Reaktionäre/ Konservative, Menschen sind. Einige sehen Jahrhunderte alte Werke als wahr an, selbst wenn Theorien weiterentwickelt oder korrigiert worden sind – ähnlich religiöser Fundamentalisten. So flüchten manche sich in Dogmatismus und verschließen sich anderen Standpunkten, oft wird über Begriffe gestritten. Teilweise werden Veränderungen in die richtige Richtung abgelehnt, weil es nicht der „große Umsturz" ist. Manche scheuen sich vor den großen, komplexen ökonomischen Fragen und fokussieren sich auf einfachere Themengebiete, wie gesellschaftspolitischen Progressivismus, wobei eine Übersensibilität kontraproduktiv ist. Es besteht die Gefahr, selbstgerecht zu werden und dass Aktivismus zu einem Lifestyle wird. In unnötigen Diskussionen werden Probleme geschaffen, die eigentlich keine sind – es hilft niemandem. Viel Energie wird dabei verschwendet. Mit dem erhobenen Zeigefinger Menschen zu erzählen, dass sie keine Ahnung haben – Überraschung – mögen die Menschen nicht. Es erscheint stattdessen arrogant und löst Defensivmechanismen aus. Unfähig, an einem politischen Diskurs teilzunehmen, wird man keine Außenstehenden überzeugen oder Veränderung erringen.

Aufklärung und Solidarität stehen stets Ignoranz und Egoismus im Kampf um die Zukunft entgegen. Waffen gegen Ideen, welche Seite gewinnen wird, liegt an uns.

ZUSAMMENHÄNGE

In einem Befund haben Reaktionäre, Traditionalisten und dergleichen allerdings Recht. Der Großteil der Gesellschaft wird angegriffen. Allerdings nicht von „politischer Korrektheit", Migration oder Minderheiten. Es ist ein ständiger Angriff der Oberschicht auf Sozialsysteme, Arbeitnehmerrechte, Umweltstandards, Verbraucherschutz, öffentliche Bildung, Pressefreiheit, Menschenrechte und alle anderen Errungenschaften der Gesellschaften.

Die Lebensweisen und die wirtschaftlichen Rahmenbedingungen von Arbeitern in der ganzen Welt sind ähnlich wie nie zuvor. Durch wirtschaftliche Globalisierung und das Internet sind die Menschen sich näher als je zuvor, aber weshalb sind wir noch so fragmentiert?

Wir lassen uns spalten nach Einkommen, sozialem Status, Ethnie, Religion, Nation, Beruf, sexueller Orientierung bzw. Identität, Bildungsstand, Stadt/ Land, politischer Einstellung – untereinander kämpfend, statt uns gemeinsam für eine bessere Zukunft zu einen. Solidarität steht nun mal im Gegensatz zum Kapitalismus, wie bereits ausgeführt. Aus Arbeitslosen und Armen werden faule Parasiten, Menschen wird die Menschlichkeit abgesprochen, Hunger in fremden Ländern wird egal. Die Vorurteile gegenüber Armen und Arbeitslosen sind Stützen für das System. Wenn die Verlierer dann auch noch vom politischen Prozess resignieren – umso „besser". Wenn vor die Wahl gestellt, werden die Reichen

Faschisten und Menschenhasser unterstützen, da sie den Status quo erhalten, also ihren Reichtum und Einfluss.

Die Bevölkerung spaltet sich zudem durch Antiintellektualismus. Verschlimmert durch die Informationsflut aus dem Internet wird jede Tatsache streitbar und polarisierend. Sogar das Konzept der Expertise steht unter Beschuss, sobald diese nicht mit der eigenen Meinung übereinstimmt. Auch Unternehmen verbreiten aus Eigeninteresse gerne Fehlinformationen, um die Öffentlichkeit zu verwirren. Aufgrund der Vertrauenskrise gegenüber Experten kostet es in öffentlichen Debatten enorm viel Energie, breite Massen von Fakten zu überzeugen.

Die wissenschaftliche Methode ist das Beste was wir haben, um die Wahrheit herauszufinden. Dennoch gilt Vorsicht vor gefälschten Studien, welchen ohne peer-review, Sensationalismus in Medien oder Interessenskonflikten in den Instituten. Ebenso können Ursache und Wirkung vertauscht sein, vielleicht ist ein dritter, unbekannter Faktor die Ursache beider Phänomene oder sie beeinflussen sich gegenseitig – wie Huhn und Ei, Angebot und Nachfrage oder Individuum und Gesellschaft. Profitlogik funktioniert, wie in vielen Bereichen, hier nicht. Wissenschaft ist komplex und ihre Unzulänglichkeiten befeuern Skepsis von ignoranten Menschen. Sie haben eine falsche Theorie und suchen sich die passende „Studie" dazu, was noch nie einfacher war – die verkehrte Reihenfolge. Es braucht neben einer starken Bildung unabhängige Wissenschaftskommunikatoren, die die Gesellschaft über den wissenschaftlichen Konsens aufklären.

Reiche, die von der Spaltung unterer Bevölkerungsschichten *profit*ieren haben nur selten das Wohl der Gemeinschaft im Herzen. Sie streben daher, ob gewollt

oder nicht, eine unsolidarische Gesellschaft an, wo ihr
Verhalten belohnt wird – materiell und mit Anerkennung. Die
Leute sollen unpolitisch sein, um sich nicht über Ausbeutung
von Mensch und Umwelt zu empören. Stattdessen lieber
Individualismus pflegen und in der Illusion leben, es selbst
irgendwann nach ganz oben zu schaffen. Es wird auf die
wenigen geschaut, die es geschafft haben und nicht auf die
Verlierer, die deutlich in der Überzahl sind. Irgendwann reich,
anerkannt, sorgenfrei und glücklich zu leben, ist nun mal eine
wärmende und hoffnungsgebende Vorstellung. Abbau von
Sozialsystemen? Klar! Bis man selbst darauf angewiesen ist.
Reiche werden von vielen, auch von Menschen die ganz unten
sind, beneidet und hoch angesehen. Sie versuchen, wie sie zu
sein, reden die eigene wirtschaftliche Lage schön und nehmen
die eigenen Vorgesetzten in Schutz – ein Masochismus, auch
in der Popkultur zu beobachten, der die Machtverhältnisse
festigt. Statt sich zu empören, wird sich weiterhin zufrieden
für die Träume anderer kaputt geschuftet.

Wir streben nach höherem Status, Wohlstand, Macht oder
Ruhm. Wir versuchen, genug zu kontrollieren und zu besitzen,
um unsere Leere, Verletzlichkeit und Verwirrung zu
überkommen. Wir wollen Sicherheit und Glück erlangen und
es auch gerne nach außen zeigen. Aus diesem Bestreben nach
Mehr schöpfen wir Antriebskraft, sie hält uns jedoch auch
gefangen. Für ein glückliches Leben braucht man gar nicht
viel.

Persönliche Investitionen in den Aktienmarkt können für
viele eine zusätzliche Einkommensquelle sein - Einkommen
ohne Arbeit. Kleinaktionäre sind, wie die Reichen mit ihren
Banken und Konzernen, damit im „System" involviert und
haben ein Interesse, den Status Quo zu erhalten und das

Mantra des ewigen Wachstums zu verteidigen. Durch eigene
Investition scheint man ein Mitbestimmungsrecht zu haben.
Solch Teilhabe an den Märkten erscheint vielleicht als
Chancengleichheit – sollen die Armen doch einfach auch in
Aktien investieren – jedoch ist das Spiel, wie das ganze
System, zugunsten derer, die ohnehin schon viel haben,
manipuliert.

An Gewalt und Krieg, auch hier ist die Klassenfrage zu
stellen, können Reiche ebenfalls profitieren. Wenn der Staat
Unsummen in „Verteidigung" „investiert", bleibt auch viel in
den schon großen Taschen hängen. Mit Waffenexporten
verdient man am einfachsten mit, da man nur indirekt eine
Kriegspartei ist. Die Medien, viele davon dem losen
Interessensverband der Oberschicht zugehörig, stimmen die
Bevölkerung dazu, teils unterschwellig, auf Krieg ein, um ihn
zu legitimieren. Es wird aus dem Kontext gerissen,
übertrieben und gelogen, um Gesellschaften gegeneinander
aufzuhetzen. Einmal losgetreten wird mit anderen Themen
abgelenkt, um die unschönen Seiten des Krieges zu verdecken.
Im Sumpf der Gewalt sind Menschen außerdem abgelenkt und
haben anderes zu tun, als über die Verbesserung des Systems
nachzudenken.

Über die materiellen Nöte der Menschen und andere
Probleme wird ebenso ungern berichtet. Krisen können
Menschen von apathischen, veralteten und irrationalen
Denkweisen befreien. Kriege, andere Formen von
Imperialismus, soziale Ungleichheit und Armut produzieren
Verlierer – Tote, Verstümmelte, gescheiterte Existenzen,
Flüchtlinge, zerstörte Lebenswerke.

Öffnet man die Augen, scheint das Leben mit den „freien"
Märkten oft hoffnungslos. Träume und Passionen, die man als

jüngerer Mensch noch hatte, scheinen durch die Gesellschaft erstickt worden zu sein – hör auf zu träumen und sei nützlich. Lohnarbeit ist eine der wenigen Möglichkeiten, sich über Wasser zu halten und vielleicht doch irgendwann ein entspanntes, sorgenloses Leben führen zu können. Man ist ständig der Willkür des Arbeitgebers ausgeliefert, verliert Kontrolle über sein eigenes Leben und ist entfremdet von den Resultaten seiner Arbeit. Jeden Morgen schleppt man sich in die Firma, eine kleine Diktatur, um Arbeit zu verrichten, die einen vielleicht nicht glücklich macht. Man muss den Job aber machen, da man sonst verarmt – man ist „frei" zu kündigen. Prekäre Arbeit macht das Leben unsicher. Konsum und Individualismus sind wichtiger als das menschliche Miteinander, denn das System basiert auf Wettbewerb, nicht auf Kooperation. Große Konzerne verdrängen lokale Produkte und Kultur. Man wird nur als guter Mensch angesehen, wenn man sich kaputt schuftet. Das Leben ist scheinbar nicht da, um genossen zu werden, sondern um produktiv zu sein. Läuft es schlecht im Leben oder kann man einfach nicht mehr, landet man wahrscheinlich in der Armutsspirale. Man kann nicht mehr am gesellschaftlichen Leben teilhaben, verliert Freunde und wird als unnützer Faulpelz verschrien. Wo ist die versprochene Freiheit? Die neoliberale Propaganda stellt das alles als alternativlos und gerecht dar. In einem einsamen, und scheinbar bedeutungslosen Dasein ist es leicht, depressiv zu werden – viele werden es auch.

Manch enttäuschtes Opfer vom Wahn, dessen Narrative im Kopf eingenistet, sucht dann einfache Antworten auf komplexe Fragen. Mit einem einfältigen Weltbild braucht es dann nur noch Angst. Angst vor sozialem Abstieg, Terrorismus oder Veränderung macht emotional und es ist leicht, diese Emotionen für Macht auszunutzen. Die Tatsachen können verdreht werden, bis ein Angriff auf die Menschenrechte anderer als Verteidigung wahrgenommen wird. So landen viele in menschenfeindlichen Gruppen oder Kulten, ohne das System selbst bekämpfen zu wollen – sie bieten, was fehlt: soziale Kohäsion, Halt und Sinn.

Verbiete der Angst, dir die Denkfähigkeit zu entziehen. Man darf sich nicht frustrieren lassen, sondern sollte die Energie in etwas Positives verwandeln. Durch Übertreiben, Ignorieren von Experten, einem „wir gegen die anderen" oder durch Emotionalisieren – so praktizieren Reaktionäre und Konservative oft – kann man Leute leicht für sich gewinnen. In der Geschichte versuchte man so die Idee eines Volkes aufrecht zu erhalten. Andere Völker oder eigene Minderheiten werden, mit Bezug auf Negativbeispielen, pauschal stigmatisiert und entmenschlicht. Durch seine eigene Herkunft und Ethnie soll man sich großartig und überlegen fühlen – eine Steigerung des Selbstwertgefühls, dessen Verführung nachvollziehbar sein sollte. Migration wird als ein Übel dargestellt und Aktivisten gegen Menschenfeindlichkeit ebenso. Die wärmende Illusion einer Volksgemeinschaft ist aber ein Trugschluss, denn es gibt kein „Volk" und in jeder Gruppe „schlechte" Menschen. Stattdessen sollte begriffen werden, dass man Teil der riesigen, dysfunktionalen Familie Menschheit ist.

Vor allem Konservative und Reaktionäre stellen unsolidarische, neoliberale oder menschenfeindliche Politik gerne unter den Deckmantel der Verteidigung von Familien. Geht es dann aber um das Schützen von Familien vor Armut, Krieg oder Gewalt, bleiben sie still oder suchen sich Rechtfertigungen. Durch eine zum Beispiel feindliche Politik

gegenüber Homosexuellen zwingt Druck von außen diese
Menschen in heterosexuelle Beziehungen und Familien, was
sie selbst, die Partner und die Familien unglücklicher macht.
Aus einem irrationalen Unterdrücken der menschlichen Natur
entsteht daraus eine unglücklichere Gesamtgesellschaft.

Armut fördert solche Trugschlüsse, denn wer arm ist, muss
kurzfristiger denken. Wie soll ich die Rechnungen bezahlen?
Was, wenn mir gekündigt wird? Das Sichtfeld ist
eingeschränkt und rationales Denken wird erschwert. Man
wird empfänglicher für falsche Antworten und Versprechen.
Wer zu viel arbeitet, hat weniger Kapazitäten und Lust, sich
zu informieren. Zu viel Maloche macht uns dumm.

Diskriminierung ist ein großes gesellschaftliches Problem.
Stigmatisierte Minderheiten sind auch häufiger von Armut
und Ausgrenzung aller Art betroffen, mit allen weitgehenden
sozialen Folgen, die damit zusammenhängen.

Ein Beispiel für eine „marktfreundliche" Idee ist
beispielsweise ist die Privatisierung von Bildung. Sie zeigt die
Kursichtigkeit wirtschaftsliberaler Politik und ihre
Widersprüche gegen das Allgemeinwohl. Die
gesamtgesellschaftliche Gefahr dort ist die Unterwerfung von
Bildungseinrichtungen unter Kapitalinteressen. Statt aus
ahnungslosen Kindern gebildete, empathische, mündige,
kritische und aufgeklärte Bürger zu erziehen, wird nur
geschult für den kurz- bis mittelfristigen Bedarf des
Arbeitsmarkts. Zudem eine politische Erziehung, die
Kapitalismus verehrt und vor linken Ideen verängstigt. Es
wäre ein weiterer Faktor, der Lösungen außerhalb des Systems
als unerreichbar oder gefährlich erscheinen lässt, zugunsten
der Wohlhabenden, welche sich nun auch mit Bildung
bereichern können. Selbst wenn private Bildung neben

staatlicher existiert, würde soziale Ungleichheit ausgebaut. Die Kinder der Reichen bekämen die beste Ausstattung und die talentiertesten Lehrer, während das politische Interesse sinkt, gute Bildung für alle zu garantieren, was eigentlich oberste Priorität sein müsste.

Ein weiterer klarer Konflikt zwischen Allgemeinwohl und Kapitalinteressen der Klimawandel. Ein Teil der komplexen menschlichen Natur ist, ungern eigene Interessen hintenanzustellen, um langfristig zu profitieren bzw. Schäden zu verringern. Sind die Konsequenzen eigenen Handelns weit in der Ferne und wirken Lösungen nur langsam, wird es deutlich schwieriger, Menschen zu Veränderungen zu überzeugen. Die Gesellschaft hat zu lange geschlafen, bis die Warnungen der Experten, verstärkt durch Aktivisten, endlich von den meisten erhört wurden. Vorher wussten nur die Experten und umweltzerstörende Konzerne von der drohenden Katastrophe. Neben der notwendigen politischen Lenkung sind persönliche Verhaltensänderungen wie Reduktion von Produkten (Brauche ich das wirklich?), Wiederbenutzung (Muss ich das wegwerfen?), Umfunktionierung (Kann man das anders benutzen?) oder Recycling (Kann man die Rohstoffe wiederbenutzen?) gegen Umweltverschmutzung sowie Klimawandel hilfreich. Letztendlich ist alles, was wir essen und nutzen eine Umweltbelastung, wir müssen also versuchen, Müll und Emissionen soweit es geht zu vermeiden. Es ist jedoch falsch, alle Verantwortung auf den Privatbereich zu schieben, die Politik muss handeln. Innerhalb der Marktwirtschaft ist eine Verbesserung der Umweltbilanz von Konsumprodukten auch über aufgeklärte, umweltbewusste Kunden möglich, wobei die Unternehmen aber naturgemäß Lücken finden wollen, um

Konsumenten zu täuschen. Beispielsweise die Plastikindustrie investiert aus gutem Grund in die Verbreitung vom Narrativ „wir sind nicht schuld, ihr müsst nur ein wenig aufräumen".

Dementsprechend werden auch Vorbereitungen auf Naturkatastrophen verschlafen, wie auf Pandemie, Flut, Unwetter oder Erdbeben. Es wäre kurzfristig nicht wirtschaftlich und damit scheinbar unnütz. Statt die „Versicherungsbeiträge" zu zahlen, tendieren Mächtige aus Politik und Wirtschaft dazu, die gewaltigen wirtschaftlichen, menschlichen und sozialen Schäden von Katastrophen zu riskieren – sozialisierte Schäden. Auch Präventionen für Wirtschaftskrisen aufgrund zu „freier" Märkte werden gerne vernachlässigt.

Umweltschutz ist unwirtschaftlich – Ökonomen nach also unnütz – denn es steigert nicht das heilige BIP. Das Bruttoinlandsprodukt wird von Wirtschaftsliberalen verehrt, als sei es der einzige Indikator, der das Wohlergehen der Menschen misst. Zerbricht ein Fenster, muss ein neues produziert, transportiert und eingebaut werden – ein Wert von Waren und Dienstleistungen, was eine Steigerung des BIP bewirkt aber in der Realität nur eine unnötige Verschwendung von Ressourcen ist. Das BIP misst nichts, was das Leben lebenswert macht wie Gesundheit, sozialen Zusammenhalt, Umweltzustand oder allgemeines Wohlbefinden. Ungleichheit, welche mit vielen sozialen Problemen zusammenhängt, wird ebenso nicht erfasst. Die Steigerung des BIP pro Kopf bringt herzlich wenig, wenn trotz Produktivitätssteigerung die Löhne für reguläre Menschen nicht steigen. Stattdessen fließt mehr Geld in Taschen, die es nicht nötig hätten. Großaktionäre, Banken und Konzerne profitieren von der Umweltzerstörung, indem sie Schaden anrichten und die Kosten dafür sozialisieren. Die gesamte Menschheit wird langfristig dafür aufkommen müssen. Zur Quantifizierung des Wohlstands müssen daher ganzheitlichere Kennzahlen benutzt werden.

Auch im digitalen Bereich richtet kurzfristige Profitlogik Schaden an. Firmen sammeln Daten, was notwendig ist, um Produkte zu verbessern oder Studien zu machen. Allerdings hat digitales Marketing eine enorme Dimension angenommen, um alles Mögliche über die Nutzer zu sammeln und sie im Netz zu verfolgen. Verdient wird am Verkauf der Daten oder an zielgerichteter Werbung. Datenanalytik steuert die Algorithmen, die bestimmen, welche Nachrichten, Videos oder Beiträge sozialer Medien viele Menschen zu sehen bekommen. Sie sind notwendig, um im riesigen Informationsüberfluss zu navigieren, sind aber trotz ihrer zentral gewordenen Bedeutung nicht unter demokratischer Kontrolle oder Transparenz. Es fehlen ethische Standards wie bei Medizin und Recht. Um mehr Daten zu erhalten und Werbeeinnahmen zu erzielen, sollen Nutzer auf den Plattformen bleiben. Die Algorithmen, welche menschliche Vorurteile und Missverständnisse in Mathematik einbetten, sorgen so für immer krassere Empfehlungen und können so Radikalisierungsspiralen verursachen. Treffen dafür Empfängliche auf eine Gemeinschaft von Ignoranten oder Menschenhassern, hat diese Art der digitalen Wirtschaft reale, negative Konsequenzen.

Ein auf kurzfristigen Profit basierendes Wirtschaftssystem – der Horizont endet bei der betriebswirtschaftlichen Rechnung – ist sozial, ökologisch und für so viel mehr blind. In Verdrängung der gravierenden Folgen des Wirtschaftens werden so beispielsweise öffentliche Güter als nutzlos gebrandmarkt. Öffentliche Verkehrsmittel, ein Jugendzentrum, ein Schwimmbad, Sportplätze, Parks, sonstige Infrastruktur oder Sozialarbeit haben alle einen Wert, der über das Finanzielle hinaus geht. Nicht alles was nützlich ist, ist wirtschaftlich. Nicht alles was wirtschaftlich ist, ist nützlich.

Soziale Ungleichheit korreliert mit sozialen Problemen, nicht das Bruttoinlandsprodukt. Ich lade dich ein, selbst weitere Zusammenhänge zwischen Wirtschaftssystem und gesellschaftspolitischen Entwicklungen zu suchen.

RETTUNG

Die Welt befindet sich in einer großen Umwälzung. Technologien bringen erneut fundamentalen Wirtschaftswandel, Weltmächte steigen auf oder fallen, Klassenkonflikte werden offensichtlicher und die Gesellschaften befreien sich stetig von der scheinbar unerschütterlichen Herrschaft alter Glaubenssysteme. Trotz Fortschritt verhungern jedoch noch Millionen, gibt es noch Krieg, Gewalt und Hass. Vor Niedergang sind auch scheinbar stabile Gesellschaften nicht immun – die Geschichte warnt. Wie also können wir einen Rückfall in die Barbarei verhindern, wie die Geißeln der Vergangenheit überwinden? Wie unsere Errungenschaften verteidigen und Frieden, Freiheit sowie Wohlstand für die gesamte Menschheit schaffen?

Unentbehrlich für ein friedliches Miteinander ist das konsequente Achten der Menschenrechte aller. Es sind Grundregeln für einen menschlichen Umgang miteinander, auf die man sich einigen muss, um Frieden zu schaffen. Die Würde jedes einzelnen ist Voraussetzung für Frieden und die Freiheit aller. Es sind die unveräußerlichen Rechte, die alle aufgrund ihres Menschseins haben und die nie verhandelbar sein dürfen, auch wenn man jemanden verachtet. Hätte man diese Respektiert, wären viele Katastrophen gar nicht erst entstanden. Die allgemeine Erklärung der Menschenrechte der

UN war eine Formulierung hiervon und entstand 1948 unter dem Schock des zweiten Weltkrieges.

Jeder hat das Recht auf Leben, Freiheit, Sicherheit und körperliche Unversehrtheit! Niemand darf in Sklaverei oder Leibeigenschaft gehalten werden! Niemand darf Folter oder anderer grausamer, unmenschlicher oder erniedrigender Behandlung ausgesetzt werden, auch nicht als Strafe! Jeder soll als rechtsfähig anerkannt werden, muss vor dem Gesetz gleichbehandelt werden und darf nicht willkürlich festgenommen oder in Haft gehalten werden! Jeder gilt als unschuldig, bis die Schuld in einem fairen Gerichtsverfahren bewiesen ist! Jeder hat das Recht auf Privatsphäre! Jeder hat das Recht auf einen Lebensstandard mit Nahrung, Gesundheitsversorgung, Kleidung, Wohnung, Freizeit und sozialer Sicherheit! Jeder darf sich innerhalb eines Staates frei bewegen! Jeder hat das Recht, zu lieben wen man will und Familien zu gründen! Jeder hat das Recht auf Gedanken-, Gewissens-, Religions-, Versammlungs- und Meinungsfreiheit! Jeder hat das Recht, die öffentlichen Angelegenheiten unmittelbar oder durch gewählte Vertreter mitzugestalten! Der Wille des Volkes bildet die Grundlage für Autorität im Staat! Wahlen müssen unverfälscht, regelmäßig, frei, allgemein, gleich und geheim sein!

Du darfst dich nicht davon ablenken lassen, dass uns am Ende viel mehr verbindet, als uns trennt. Wir wollen alle trinken, essen sowie sicher, nicht allein und frei sein. Wir wollen uns selbst verwirklichen, Sinn und Identität haben, lieben und geliebt werden. Am Ende wollen wir alle besser Leben.

Menschen können sich ändern. Man wird nicht böse geboren, sondern unschuldig und dumm. Jeder hat das

Potenzial, gut oder böse zu sein. Monster erschaffen Monster. Ein System, was Gier und Egoismus belohnt, wird dies auch in den Menschen hervorbringen, die in dem System leben müssen – was man auch wunderbar bei manch Gesellschaftsspiel beobachten kann. Um hingegen das Gute hervorzubringen, braucht es eigene Empathie sowie eine Umgebung, die das begünstigt und kein Sumpf der Gewalt ist. Erziehung und Bildung können das schlechte in uns zurückdrängen. Damit sich ein Mensch zum Guten verändert, ist es nie zu spät. Danach darf man ihm nicht ein Leben lang die Fehler vorhalten, sondern die Verbesserung würdigen und betrachten, wie es dazu kam. Fehler sind menschlich, man muss von ihnen lernen. Eine Veränderung zum rationalen und empathischen ist eine edle Tat.

Keine Toleranz dem Menschenhass! Um Gewalt und Hass entgegenzutreten, braucht es klaren Widerstand, jedoch ohne die hassenden, gewalttätigen Menschen zu verstoßen oder deren Menschenrechte anzufechten, so schwer es auch sein mag. Einige sind vielleicht zu fanatisch, sie zu Humanismus zurückzuführen, jedoch Vorsicht, wo die Grenze gezogen wird. Würden sie verstoßen, werden sie nur geistige Abwehrreaktionen zeigen und sich ihresgleichen suchen. Die Gesellschaft muss also auch mit ihren verlorenen Seelen solidarisch sein und soziale Arbeit leisten, um sie zurückzuholen. Psychische Gesundheit muss dabei ernst genommen werden.

Zeige dich auch mit deinen Gegnern empathisch, um sie zu verstehen und anhand deren Denkweisen argumentieren zu können. Hierdurch hinterfragst du auch die eigene Auffassung, was immer lohnend ist – alle müssen sich ihrer Fehler, Vorurteile und Ängste bewusst sein. Niemand ist heilig. Nimm dich nicht zu ernst, fühle dich nicht zu wichtig. Nimm eigene und fremde Emotionen ernst, sie dürfen dir aber nicht die Rationalität rauben. Begib dich in das stürmische Meer der Dummen und Hassprediger, fühle deren intellektuelle Not und lass dich von deinem Rettungsboot der Aufklärung bergen – Aufklärung oder Untergang.

Stelle im notwendigen politischen Diskurs nicht dogmatisch deine Anschauung als die einzig wahre dar, sondern verkaufe einen besseren Gegenentwurf. Polarisierte politische Stimmung macht rationale Diskussionen schwer, also besinnt euch auf Fakten – dem wissenschaftlichen Konsens – für eine gesündere Debattenkultur. Wenn eine Seite den wissenschaftlichen Konsens als parteiisch für die andere ansieht, liegt die eine wohl falsch. Die Realität ist leider kompliziert. – Wissenschaft ist keine Meinung. „Dumm" muss eine heftige Beleidigung sein. Das Bekenntnis, etwas nicht zu wissen, muss als hohe Tugend angesehen werden.

Gewalt, um eine gerechtere, freiere und nachhaltigere Welt zu erreichen, ist anfangs vielleicht wirksam, letztlich aber ineffektiv. Sie beschwört nur mehr Gewalt herauf und kann daher nur das letzte Mittel zur Verteidigung sein. Töten hat noch nie überzeugt, höchstens mundtot gemacht. Es entstehen nur Märtyrer und folglich größere Ablehnung zwischen den Fronten. Blut vergiftet auch die reinste Lehre zu Wahn und Hass. Die geistige Kapitulationserklärung der Gewalt ist also auszuschließen und zu ächten. Brücken statt Panzer.

Entscheidend ist stattdessen Überzeugungsarbeit. Lehren, gewaltfreie Intervention, Protest, Streik, ziviler Ungehorsam oder Boykott sind wirksame Mittel Ziele zu erreichen. Überzeugen statt Zwang. Auch unter Empörung und

Verzweiflung darf man nicht der Gewalt verfallen, sondern muss rational bleiben. Aufklärung ist der schwerere Weg, Veränderung herbeizuführen. Sie ist ein stetiger Kampf gegen die mentale Bequemlichkeit.

Will eine Gesellschaft gedeihen, sind kritisches Denken, Wissensdrang und Empathie in der Allgemeinheit erforderlich. Bildung ist das zentrale Instrument, Ignoranz zu bekämpfen. Jeder Mensch soll Bildung erhalten, um Fähigkeiten zu erlangen, die für die Gesellschaft wichtig sind. Jeder soll mit Bildung Geschehnisse einordnen und damit die Welt verstehen können. Es sollen mündige Bürger herauskommen, die an demokratischen Prozessen teilnehmen können. Transversale Fähigkeiten dürfen auch nicht vergessen werden, welche in verschiedensten Situationen nützlich sind: Strategisches, strukturiertes, kritisches und innovatives Denken, globales Bewusstsein, Organisation, Zeitmanagement, Entscheidungskompetenz, Empathie, Teamwork, friedliche Konfliktlösung, Interkulturelle Fähigkeiten, Kreativität, Medienkompetenz, Verhandlungsfähgikeit, Führungskompetenz oder Informationsverarbeitung. Um dem Menschenhass die Grundlage zu entziehen, sind dabei vor allem Empathie und kritisches, auf Tatsachen beruhendes Denken unerlässlich. Auch Alltagskompetenzen wie Kochen, Putzen oder der Umgang mit Bürokratie sollten beigebracht werden. Die Bildung zu all diesem darf nicht nur der Familie überlassen werden, sondern öffentlichen Bildungseinrichtungen, wo Profis diese fundamentale Aufgabe übernehmen –eine gebildete Gesellschaft ist ein Allgemeininteresse. Die Schulpflicht ist eine wichtige Errungenschaft gegen den kurzfristigen Gewinn von Kinderarbeit, auch wenn nicht alle die Institution Schule mögen. Didaktische, strukturelle und soziale Probleme sind dafür aber eher schuld.

Ähnlich wie beim politischen Diskurs sind bei Bildung Sinn und Einsicht zu betonen und nicht der kurzfristig effektivere Zwang. Der Mensch braucht Freiheit, um sich zu entfalten, weshalb eine Bildungseinrichtung geistige Freiräume zum Lernen bieten muss, statt alle Individuen auf einen Pfad zu zwingen.

Wofür soll gebildet werden? Eine weitere wichtige Frage, die sich Gesellschaften stellen müssen. Für das, was Ökonomen in den nächsten 20 Jahren für wahrscheinlich halten? Das, was die Reichen und Mächtigen für erstrebenswert halten? Für veraltetes Wissen über ineffektive Lehrmittel? Nur für die Arbeit, oder auch für das Leben? Denkt man zu kurzfristig, eindimensional und starr, verspielt man langwirkend unzählige Chancen.

Unser Umgang mit Medien ist wichtiger als je zuvor. Im herrschenden Informationsüberfluss muss jeder Mensch in der Lage sein, Fundierte, unabhängige und glaubwürdige Berichte von Schwachsinn und Propaganda zu unterscheiden. Medienkompetenz, diese geistige Selbstverteidigung, kann leicht verwirklicht werden, stellt man sich ein paar Fragen:

- ♦ Wer ist die Autorin und auf welcher Plattform ist die Quelle veröffentlicht? Ist die Autorin zu ihren Aussagen qualifiziert? Was will die Plattform erreichen?
- ♦ Gibt es andere Berichte, die dasselbe behaupten?
- ♦ Ist die Quelle differenziert und faktenbasiert? Gibt es Quellenangaben für die genannten Faken?
- ♦ Was soll dieser Bericht bewirken? Wer würde von diesem Fazit profitieren? Besteht beim Autor vielleicht ein Interessenskonflikt?

- ◆ Ist die Quelle aktuell genug?
- ◆ Ist das ein Witz?
- ◆ Habe ich den ganzen Artikel gelesen oder nur die reißerische Überschrift?
- ◆ Wird mein Urteilsvermögen durch eigene Vorurteile eingeschränkt?

So kann man sich beispielsweise den am Anfang geschilderten, neoliberalen Narrativen bewusst werden, wenn sie auftauchen. Um die Fragen zu dieser Quelle zu beantworten:

Diese Schrift ist eine Idee aus der schlaflosen, zu warmen Sommernacht des 24.07.19 – in Deutschland sind Klimaanlagen leider unüblich. Normalerweise bin ich Ingenieur, was man sicherlich am Schreibstil erkennt, bin als Leidenschaft Philosoph, politisch aktiv und lernend. Ich biete dir ein Weltbild an, lass dich anregen, warnen, inspirieren, befeuern und hinterfragen. Wenn nicht, erhältst du hoffentlich wenigstens Verständnis für eine andere Perspektive. Vieles hier wird für dich selbstverständlich erscheinen, jedoch ist es das nicht für alle. Ich lade dich ein, dieses Thesenkonstrukt anhand von Beispielen zu testen und Behauptungen zu hinterfragen. Jedenfalls, zurück zur Weltrettung:

Völkerverständigung erschwert internationale Konflikte. Durch Handel, ähnlich wie bei Tourismus und Migration, werden verschiedene Menschen und Kulturen zusammengebracht. Vorurteile werden abgebaut, eine wachsende Abhängigkeit voneinander macht Konflikte für beide Seiten schädlich. Auch Austauschprogramme sind hilfreich. Wenn jemand eine Zeit lang ein einer fremden Region lebt, lernt man gegenseitiges Verstehen, sofern man sich nicht vor der anderen Kultur verschließt. Es muss auf eine Lingua Franca hingearbeitet werden, damit sich alle miteinander verständigen können. Sprachbarrieren trennen Menschen und Vorstellungen voneinander. Der Handel muss ebenso von unnötigen Barrieren befreit werden. Internationale, unabhängige und fachkundige Gremien müssen daher technische Normen festlegen, die für die ganze Welt gelten. Dies steigert zudem Effizienz und damit Wohlstand.

Die moderne Globalisierung – trotz scheinbarer Verbreitung von Wohlstand und Demokratie – ist den Profitinteressen unterworfen und steht oft auch im Weg von wirtschaftlicher Entwicklung unterentwickelter Regionen. Bleiben Freihandelsabkommen nur Investorenschutzabkommen, können sich arme Regionen kaum entwickeln und bleiben ausgebeutet für günstige Arbeitskraft sowie Rohstoffe.

Frieden gibt es nur, wenn alle sicher, frei und satt sind. Kriminalität kann stark eingedämmt werden, wenn man die Probleme, die dazu führen, bei der Wurzel packt. Diese sind unter anderem Perspektivlosigkeit, Armut und Not. Die Gesellschaft muss befreien von Überforderung durch die Knappheit, welche Armen keine Luft zum Atmen lässt. Wer sich auf den unmittelbaren Mangel beschränkt, macht eher an anderer Stelle falsche Entscheidungen. Viele Sozialsysteme sind zu unwürdigen Überwachungsapparaten degeneriert. Der Wohlfahrtsstaat bekämpft nur Symptome und bestraft zu oft, wo er belohnen könnte. Das Heer an Sozialarbeitern, Justiz und Sozialbeamten mit Bergen von Bürokratie ist oft teurer als den Menschen einfach das Existenzminimum zu garantieren. Dies ist dem neoliberalen Dogma verschuldet, welches Arme stigmatisiert. Der allergrößte Teil der Kriminalität wäre beseitigt, würde Armut beseitigt. Zudem gibt es vielfältige

Mittel der Prävention, die oft wirksamer sind als nur die Strafen ins unermessliche zu steigern. Eine Totalüberwachung, bei der alle unter Generalverdacht gestellt werden, ist nur Symptombekämpfung und schon deswegen der falsche Weg, Sicherheit zu schaffen. Sollten die exzessiven Mittel des Staates nach einem Machtwechsel in die falschen Hände gelangen, wäre dies katastrophal.

Ein bedingungsloses Grundeinkommen kann die Armut in die Geschichtsbücher verbannen, sofern es richtig eingeführt wird. Die Idee ist einfach: Jede und jeder bekommt pro Monat genug, um das Existenzminimum zu sichern. Nur Aufgrund des Menschseins, ohne Bedingungen. Der Mensch braucht Erfüllung und Beschäftigung, weshalb sich die breite Masse nicht zurücklehnen würde. Ist man in einem ausbeuterischen Arbeitsverhältnis, kann man kündigen, ohne den Boden unter den Füßen zu verlieren. Dies würde Arbeitsverhältnisse zugunsten von Arbeitnehmern verbessern. Pflegt man Familienmitglieder oder leistet ehrenamtliche Arbeit, wird es von der Gesellschaft wertgeschätzt. Möchte man selbstständig werden, kann man das finanzielle Risiko eingehen. Braucht man eine Auszeit, kann man sich diese nehmen. Möchte man einem Studium nachgehen, kann man sich darauf fokussieren. Möchte man weniger Arbeiten, um Leidenschaften nachzugehen oder zu reisen – nur zu. Entwickelte Volkswirtschaften können sich dieses Programm leisten. Es könnte beispielsweise finanziert werden durch eine, nach einem Freibetrag, einkommensabhängig steigende „Freiheitssteuer" sowie Umverteilungsmaßnahmen. Es beseitigt auch den Neid auf Sozialhilfeempfänger, da alle dasselbe erhalten. Wer arbeitet, hat am Ende jedoch stets mehr in der Tasche. Noch einmal: Wenn eine Gesellschaft etwas will und die Ressourcen vorhanden sind, ist alles möglich.

Ein bedingungsloses Grundeinkommen kann allerdings nur positiv wirken, wenn es umverteilt. Die Konsumquote von Unter- und Mittelschicht ist höher, weshalb die Mittel auch dorthin fließen müssen. Dort wird es nämlich ausgegeben, was *real*wirtschaftliche Aktivität stimuliert und Marktwirtschaft stabilisiert. Würde weiterhin Kapital von den Reichen gehortet, würde dieser Multiplikatoreffekt ausbleiben und das grundlegende Problem der sozialen Ungleichheit bestünde weiter. Weiterhin muss ein Grundeinkommen auch Unterschiede von Lebenshaltungskosten zwischen den Regionen ausgleichen. Es würde große Teile des Sozialstaats ersetzen, zusätzliche Arbeitslosen-, Kranken-, Pflege-, Renten- und Unfallversicherung nach Solidaritätsprinzip würden weiterhin benötigt.

Außerdem würde ein Grundeinkommen bei nicht automatisierten Wirtschaftszweigen zu Verbraucherpreisinflation führen, da Hungerlöhne und schlechte Arbeitsbedingungen nicht mehr akzeptiert werden müssen. Dies stellt aber eher eine Normalisierung von Preisen dar, da die Geldmenge sich nicht verändere. Klassenkämpfe, wie zwischen Vermietern und Mietern, würden durch ein Grundeinkommen ebenfalls nicht aus der Welt geschafft. Gesellschaftliche Errungenschaften müssten weiterhin errungen oder verteidigt werden, wobei die Menschen sich nicht von einer gesicherten Existenz ruhigstellen lassen dürfen. Zudem, ähnlich wie bei Totalüberwachung, würde dem Staat eine ungeheure Macht zukommen. Eine neoliberale Regierung könnte die essenziellen Mechanismen des Grundeinkommens aushebeln, um einen Zwang zur Arbeit, eine Kürzung von Leistungen oder eine Umverteilung zurück zur Oberschicht zu beschließen. Solchen Gefährdungen des sozialen Friendens muss vorgebeugt werden, beispielsweise einer Verankerung in der Verfassung. Internationale Disparitäten stehen heute zudem noch in Konflikt mit einer kurzfristigen Einführung.

Ein bedingungsloses Grundeinkommen ist also kein Allheilmittel, aber ein guter Anfang. Was man auch von dieser Idee hält, aufgrund fortschreitender Automatisierung, diesmal fundamental anders durch künstliche Intelligenz, wird das Grundeinkommen, zusammen mit Arbeitszeitverkürzung, vielleicht schon bald unausweichlich sein. Generell stehen zu lange Arbeitszeiten im Widerspruch zur Notwendigkeit einer aufgeklärten Gesellschaft, da niemand nach einer 60h-Woche noch Lust hat, sich geistig zu betätigen. Sollen in Zukunft alle Arbeitslosen verhungern, auch wenn es keine Arbeit mehr gibt? Größtenteils verbleiben Tätigkeiten im technischen Bereich und der Wissenschaft. Kunst, Kultur, Pflege und Bildung dürften ebenfalls, selbst mit künstlicher Intelligenz, schwer zu automatisieren sein. Schon bald bietet uns die Automatisierung die Möglichkeit, entspanntere Leben ohne existenzielle Ängste und harte körperliche Arbeit führen zu können.

Die andere Möglichkeit ist allerdings ein kapitalistisches „weiter so": eine kleine Klasse von obszön Reichen besitzt jede Maschine, alle Software, jedes Urheberrecht für die unentbehrlichen Technologien, jeden Quadratmeter Boden, jedes Gebäude, alle Medizin. Diese kleine Minderheit kontrolliert fast die komplette Wirtschaft und gibt man ihnen nicht was sie wollen, ziehen sie ihr Privateigentum ab. Die Menschen können dann nur verarmen, schützt der Staat nicht sie, sondern die Reichen. Es entsteht ein Überwachungsstaat, um das System zu schützen. Wer nicht arbeitet, hat das Leben nicht verdient. Wie gehen wir heute und in Zukunft mit Privateigentum um? Es geht hierbei nicht um persönliches Eigentum, wie das Eigenheim oder ein Auto. Sollte eine von Arbeitern erbaute, automatisierte Fabrik, für immer demjenigen gehören, er einst für sie gezahlt hat? Sollte eine lebensrettende Medizin, dessen Entwicklungskosten schon lange wieder reingeholt wurden und dessen Grundlagenforschung steuerfinanziert war, ewig dem Unternehmen gehören, das die Medizin marktreif machte?

Der Markt ist sozial und ökologisch blind, er muss also kontrolliert und reguliert sein. Er kümmert sich nicht um Nachhaltigkeit, Nützlichkeit, Qualität oder Innovation, sondern um Profit. Der Markt kann nur funktionieren, wo Konkurrenz möglich ist, sonst scheitert er als Verteilungs-, Koordinations-, Innovations- und Preisbildungsmechanismus – dann muss der Staat eingreifen. So und mit aufgeklärten Bürgern kann vorgebeugt werden, dass das gesellschaftliche Geschehen nur durch den Marktmechanismus bestimmt wird und entfremdete Handlungsmuster regieren. Ein unrentables Freibad, beispielsweise, darf nicht nur aus finanziellen Gründen geschlossen werden. Sein Wert geht über das wirtschaftliche hinaus.

Die Arbeiter benötigen in jedem Fall die Mittel, sich gegen Ausbeutung und schlechte Entscheidungen von Vorgesetzten zu wehren. Die Produktionsmittel müssen dafür nicht unbedingt in Arbeiterhand geführt werden. Privateigentum ist nicht inhärent böse, sondern ist es ein System, das Gier belohnt, Egoismus fördert, Ausbeutung ermöglicht, Eigentum über Menschenleben stellt, die Gesellschaft durch

Privatisierung öffentlicher Güter enteignet und entsolidarisiert. Privateigentum sollte existieren können, es verpflichtet jedoch und darf nicht über allem stehen. Ebenso ist der Staat nicht inhärent böse. Er wird jedoch böse agieren, wenn er ungerechte Machtverhältnisse, also Wirtschaftsverhältnisse, schafft oder Menschenrechte nicht respektiert.

Um sich langfristig vor den gefährlichen Auswüchsen von Kapitalinteressen zu schützen, braucht es Umverteilung, vernünftige Regulierung mit umfassenden Kontrollen und Verfolgung, starke Gewerkschaften sowie Betriebsräte, aufgeklärte Mitarbeiterinnen sowie Bevölkerung, eine Rechenschaftspflicht der Entscheidungsträger und politischen Druck bei Fehlverhalten. In den Wirtschaftssektoren, wo der Markt die besten Ergebnisse für die meisten erzielt, braucht es zudem genossenschaftliche und/oder staatliche Konkurrenz. So können sich neue Ideen in der Wirtschaft entfalten, während ein starker Staat eine effiziente Grundversorgung für alle garantiert. Nur ein demokratischer Staat kann dies organisieren. Am Ende ist Wirtschaft die Frage, wie Ressourcen verteilt werden. Richtig ausgeführt kann der Staat schnell, effektiv sowie effizient Güter produzieren und verteilen, Kriegswirtschaft kann dort als Beispiel dienen. In solch einer Art sozialistischen Marktwirtschaft kann die breite Masse der Gesellschaft die Macht der Kapitalisten kontrollieren, nicht andersrum. Infrastruktur, Boden, Bildung, Gesundheit, etc. müssen in öffentlicher Hand sein, um den Zugang aller zu garantieren und demokratische Kontrolle sowie Transparenz zu realisieren. Die aufgeklärte Bevölkerung und ihre Politiker, die sich nicht mehr den Kapitalinteressen beugen, sind bereit, zurückzuschlagen.

So kann eine gesunde Balance der Macht entstehen. Die Umverteilung stellt sicher, dass sich nicht genug Kapital und damit Macht bei wenigen akkumuliert. Klassenunterschiede verringern sich so nach und nach. Übermäßiger, nicht legitimierter Reichtum muss verurteilt werden und Armut darf nicht stigmatisiert werden. Einige sollen es trotzdem zu Reichtum schaffen können, ohne Gier und Ausbeutung, dafür mit guten Ideen, die der Gesellschaft einen Mehrwert bieten.

Noch einmal weg vom wirtschaftlichen. Gesellschaften messen sich daran, wie sie mit Minderheiten umgehen. Ehrt man Reiche, fragwürdige historische Figuren, Konsum, toxische Männlichkeit, unwichtige Prominente, Militarismus? Oder doch Solidarität, die kleinen Dinge im Leben, Ärzte, Lokalpolitiker, Landwirte, Wissenschaftler oder Menschenrechtsaktivisten? Wie geht man mit alten Menschen, Behinderten, sexuellen Minderheiten, Migranten oder Armen um? Eine gute Gesellschaft erkennt, dass alle Menschen letztendlich dasselbe wollen und niemandem Menschenrechte abgesprochen werden dürfen. Man kann und sollte nach diesen Kriterien urteilen statt Menschenhass in einer Kultur als „anders, nicht falsch" zu leugnen.

Die Monumentale Anstrengung, eine gerechtere, gesündere und nachhaltigere Kultur zu erringen, darf nicht an ganzen Gesellschaftsgruppen vorbeigehen. Alle müssen einbezogen werden, wenn die neue Ordnung für alle funktionieren soll. Ob arm und reich, Migranten und Einheimische, religiös und säkular, anderssprachig und nicht, jung und alt sowie hetero und sexuelle Minderheiten, sich mental und geografisch zu spalten ist ein großer Fehler. Nur die Akzeptanz der Vielfalt sowie das vorsichtige Balancieren zwischen Gesamtkultur und individuellen Lebensweisen schafft Harmonie. Integration kann nicht durch Ausgrenzung erreicht werden. Die Freiheit jedes einzelnen bedingt die Freiheit aller.

Veraltete Traditionen und religiöse Vorstellungen werden in entwickelten Staaten in weiten Teilen der Gesellschaft hinterfragt, Humanismus und Rationalität treten an ihre Stelle, was eine positive Entwicklung ist. Dies gilt es, im Selbstverständnis der Kultur zu festigen, sodass sich normalisiert, was schon lange normal hätte sein sollen. Gleichzeitig floriert jedoch auch reaktionärer Menschenhass – Energie, die eigentlich gegen die Profiteure der Misere gerichtet werden sollte.

Allein sind wir nichts. Wenn von einem System dazu bedrängt, wird ein Mensch zur Selbstrettung egoistisch handeln. In dem Fall sollte man nicht den Spieler hassen, sondern das Spiel. Wir alle sind jedoch grundlegend soziale Wesen. Schon Arbeitsteilung, Notdienste oder familiärer Zusammenhalt verdeutlichen, dass Gemeinschaft besser für alle ist. Isolationshaft gleicht nicht ohne Grund Folter. Solidarität ist ein Garant für ein würdiges Leben aller, viele Gläubige würden es Nächstenliebe nennen. Zu wissen, dass man aufgefangen wird, wenn es im eigenen Leben miserabel läuft, ist beruhigend und sorgt für ein deutlich sorgenfreieres Leben. Sie muss beidseitig und ausnahmslos sein. Ohne Solidarität würden Arbeiter, Arme, Obdachlose, Kranke, Waisenkinder, Alte, Alleinerziehende oder Behinderte verelenden – eine toxische Kultur, höchstens für apathische Starke akzeptabel und für Reiche wünschenswert. Menschen haben durch Zusammenarbeit bereits Berge versetzt, gemeinsam wird uns niemand aufhalten. Schon als unsere Spezies noch mit Steinwerkzeugen arbeitete, war man ohne

Solidarität verloren. Unsere angeborene Intelligenz und Solidarität macht uns stark, durch sie konnte sich der Homo sapiens weltweit durchsetzen. Die Fähigkeit, in sich solidarische Stämme zu bilden, gepaart mit Unwissenheit und Angst, führte allerdings auch seit jeher zu Kriegen – „wir gegen die". Um endlich die großen Probleme unserer Zeit zu lösen, müssen wir der größte Stamm der Geschichte werden, es ist bitter nötig.

Offene Kommunikation kann Wunder bewirken, ob persönlich oder in der Gesellschaft. Also geht aufeinander zu, bleibt in Kontakt, redet gelegentlich mit Fremden und lasst euch nicht irrationale Ängste einreden. Auf persönlicher Ebene sollte gewaltfrei kommuniziert werden, statt mit Beschuldigungen, Verurteilungen und Befehlen. Fühlt euch nicht sofort persönlich angegriffen, wenn jemand anderer Meinung ist, etwas nicht versteht oder eine unangenehme Frage stellt. Diktiert man im Dialog, was gerecht, gut und moralisch ist, löst man Abwehrmechanismen aus. Nicht jeder denkt so wie du und das ist gut so. Nehmt euch selbst nicht zu ernst und zieht euch nicht in Einsamkeit zurück. Erklärt besonnen, was ihr denkt und fühlt, hört dem Gegenüber zu und lernt beide, zu verstehen. Polarisiert und kategorisiert nicht zu stark. Geht konstruktiv mit Kritik um und hinterfragt euch stets selbst. Versucht erst, die Realität zu verstehen, bevor ihr Antworten sucht. Wisst, wann ihr etwas nicht versteht und wann ihr still sein solltet.

Bei vielen Auseinandersetzungen gibt es eine schweigende Mehrheit, die keine starken Gefühle dabei hat. Lernen und das Bilden fundierter Meinungen kostet Energie, welche begrenzt ist. Manche geben sich mit weniger im Leben zufrieden wie Haus, Auto, Garten und genug Geld zum Leben. Das ist in

Ordnung, denn jeder muss selbstbestimmt Leben können. Es ist die Aufgabe empathischer Aufklärer, die Schweigenden, Resignierten und Uninteressierten in den politischen Prozess zu holen. Sie müssen zumindest sensibilisiert werden, damit nicht die falschen ihre Unwissenheit ausnutzen und damit Errungenschaften vor Verfall gesichert werden. Nichts ist in Stein gemeißelt und die Geschichte zeigt, wie fragil ein System sein kann.

Diktaturen, wo Auseinandersetzungen kaum stattfinden, sind dazu verdammt, an Einzelinteressen von Eliten zu korrumpieren. Es gibt keinen gerechten Ausgleich, wenn die Interessen der breiten Bevölkerung keinen Unterschied machen. Diktaturen fehlen Kontrollmechanismen, da Andersdenkende mundtot gemacht werden müssen.

Demokratie ist die Hoffnung, dass die Wahrheit siegt und sich die besten Ideen durchsetzen. Alle sollen mitbestimmen können, was Entscheidungen Legitimität gibt. Eine Gesellschaft ist dazu in der Lage, muss aber wissen, damit umzugehen, also braucht es Empathie, Medienkompetenz, kritisches Denken, Klassenbewusstsein und Bildung. Statt zu meckern „die da oben machen eh was sie wollen" und zu behaupten, Menschen sind Ungeheuer, die nicht zu besserem fähig sind, muss man sich in den Prozess involvieren, sich empören und Gerechtigkeit fordern. Jeder Mensch muss im Kampf um eine bessere Zukunft wachsam sein und bleiben – auch in guten Zeiten – Reaktionäre und Menschenfeinde schlafen nicht.

Egoistische Menschen versuchen immer, zu profitieren. Dem müssen engagierte, selbstlose Politiker und Aktivistinnen entgegentreten, die sich berufen fühlen, das Allgemeinwohl durchzusetzen. Sie tun es aus Überzeugung und wissen, dass nichts selbstverständlich ist. Sie setzen dem Hass und der Ignoranz Aufklärung und Mitgefühl entgegen. Sie versachlichen Debatten und organisieren den Wandel zum Guten, auch wenn man sich manchmal durch Richtigstellungen unbeliebt macht. Diejenigen, die diese oft undankbaren Mühen trotz Gegenwinds und unter Einsatz des eigenen Lebens betreiben, sind wahre Helden. Gute Menschen pflanzen Bäume, deren Schatten sie nicht mehr genießen werden.

Werden wir kurz ein wenig existenzialistisch. Die Wissenschaft hat bereits eine Vielzahl von Wahrheiten aufgedeckt, es verbleiben aber noch Lücken. Was geschah vor dem Urknall? Was geschieht hinter dem Ereignishorizont schwarzer Löcher? Was genau ist dunkle Materie? Wie lassen sich Relativitätstheorie und Standardmodell einen? Wir stehen erneut vor dem Atlantik, den noch niemand überquert hat. Es wird vermutlich noch Entdeckungen geben, die heute noch kein Mensch verstehen kann.

Lebt die Menschheit bald auf verschieden Planeten, werden wir uns physisch, biologisch und psychisch immer weiter voneinander entfernen. Vielleicht fangen manche an, sich selbst bis zu Unkenntlichkeit genetisch zu modifizieren, um ein Über-Mensch zu werden. Es kommen noch viele ethische Dramen auf uns zu. Wir suchen erst seit kurzem nach Exoplaneten, wissen aber bereits, dass es unzählige Erdähnliche Planeten allein in dieser Galaxie gibt. Gefunden haben wir jedoch noch keine Beweise für Leben anderswo. Das ist das Fermi-Paradoxon. Wo sind die ganzen Lebensformen? Es muss einen großen Filter geben, den kaum eine Spezies passieren kann. Irgendein evolutionärer Schritt, der fast unmöglich ist, wie der Sprung von Einzellern zu

Mehrzellern. Irgendeine Entdeckung, ohne die niemand den Sprung machen kann. Irgendeine Technologie, irgendein Ereignis, was keine Zivilisation überlebt. Hätten wir den großen Filter noch vor uns, wären wir dem Untergang geweiht. Hätten wir ihn passiert und wären tatsächlich allein, würde uns nichts aufhalten, nach den Sternen zu greifen. In einer Milliarde Jahre spätestens wird die Sonne die Erde ohnehin unbewohnbar machen.

Aktuelle Beispiele für einen großen Filter, der uns aber noch bedrohlich werden könnte, wären: Genmodifizierung, künstliche Intelligenz, Biowaffen, Atomwaffen, andere Formen des Krieges, ökologischer Selbstmord aufgrund von Artensterben, Klimawandel oder eine Pandemie. Wir sind unperfekte biologische Wesen und tragen Egoismus, Ignoranz und Apathie als Ballast. Technologie kann uns nicht vor uns selbst retten. Wäre es überhaupt denkbar, dass eine Spezies wie unsere solche Herausforderungen übersteht? Vielleicht haben uns schon Außerirdische kontaktiert, nur sind wir noch zu primitiv, ihre Signale zu messen – vor einigen Jahrzehnten hätte man die heutige Technologie noch als Science-Fiction bezeichnet. Vielleicht werden wir ignoriert oder sind es den anderen nicht wert. Vielleicht löscht eine übermächtige Spezies irgendwann alle potenziellen Rivalen aus, weshalb alle überlebenden Zivilisationen sich bedeckt im eigenen Sonnensystem halten müssen. Vielleicht leben wir auch einfach in einer Simulation eines gigantischen Computers. Wir wissen es nicht, wir sind nicht einmal eine Typ-1-Zivilisation. Vielleicht sind das auch nur irrationale Bedenken, Dinge, über die man sich nicht den Kopf zerbrechen sollte.

Wir suchen alle nach einem Zeichen, dass unsere Existenz einen Sinn hat, am Ende scheint sie jedoch insignifikant. Hinter und vor uns liegt eine Ewigkeit, unsere Lebensspanne ist dagegen nicht einmal ein Blinzeln. Wir sind doch nur ein Sandkorn auf einem winzigen Ball, der durch das All fliegt. Stellt man sich solche Fragen stellt, schleichen sich schnell Nichtigkeit und Melancholie in den Kopf. Religiöse haben es da leichter. Alles endet irgendwann, wozu das ganze?

Wir müssen unseren Frieden mit dem Universum schließen. Wir sind alle nur Teilchen in einem riesigen Universum. Es sind aber Teilchen, die mehr sind als nur Sternenstaub sind. Wir sind mehr als die Summe unserer Teilchen. Durch einen wunderbaren Zufall haben erhielten sie Bewusstsein, Emotionen, Liebe – Menschlichkeit. Sei dir bewusst, dass du Teil von etwas Größerem bist. Es wäre eine Verschwendung deiner wertvollen Zeit und deiner ca. 10^{28} Atome, nur Trübsal zu blasen. Verschwendet auch nicht euren Intellekt, bevor die Atome wieder der Umwelt zurückgegeben werden. Erobert also euer Grab, feiert eure Vergänglichkeit. Auch seien wir auf kosmischen Skalen insignifikant, unser Bewusstsein und unsere Erfahrungen sind echt. Wenn das Leben keinen Sinn hat, haben wir die Freiheit, ihn zu bestimmen. Lasst uns das Geschenk des Zufalls nutzen, ein schönes Leben zu führen und es für unsere Mitmenschen schöner zu machen. Gibt es eine Göttin, will sie uns das vielleicht sagen.

Leidenschaften darf man sich nicht von anderen kaputt machen lassen. Manchen wird man es nie rechtmachen können, also hab Mut, dein eigenes Leben zu leben und Zyniker zu ignorieren. Vergiss nur dabei nicht, dass du nicht allein auf der Welt lebst. Niemand bereut auf dem Sterbebett, nicht genug gearbeitet zu haben oder sich nicht genug an gesellschaftliche Normen gehalten zu haben. Risiken gehören auch zum Leben dazu, es wäre doch nicht lebenswert, aus Angst vor Verkehrsunfällen nicht mehr aus dem Haus zu gehen. Das Leben ist nicht so spektakulär, wie es Medien und Werbung manchmal darstellen, damit müssen wir uns abfinden. Glücklich macht es, die unspektakulären Dinge im Leben zu genießen: gutes Essen, menschliche Begegnungen, ein Sonnenuntergang, eine heiße Dusche, das Gefühl nach Sport, guter Sex.

So wollen wir doch am Ende alle ein besseres Leben für uns, unsere Familie und Freunde. Helfen wir auch unseren restlichen Mitmenschen, auch wenn es uns selbst gut geht. Wie viele sind schon verhungert, die Großes hätten beitragen können? Wir dürfen uns nicht aus Angst vor der Zukunft in die Vergangenheit flüchten. Große Veränderungen wirken zunächst immer utopisch. Es wird immer Menschen geben, die sie als aussichtslos, gefährlich oder widernatürlich bezeichnen. Manchmal brauchen große Ideen Zeit zur Reife, mit genug Arbeit und Zeit werden sich die Richtigen aber durchsetzen, auch wenn man ihre Schöpfer vergisst – sie haben sich damit unsterblich gemacht. Die Menschheit kann mit Aufklärung ihren Weg finden, wir viele werden jedoch noch leiden und sterben müssen?

Unsere Umwelt hat einen größeren Einfluss auf uns als andersrum. Pflanzt man aber die richtigen Ideen in die richtigen Köpfe, kann man auch als einzelner Großes erreichen. Strahlt man Aufklärung, Humanismus und Optimismus aus, wird es Wirkung zeigen, meist nur später und woanders.

Was wäre, wenn man im Mittelalter aufgegeben hätte, die Feudalherrschaft anzufechten? Seit Urzeiten stellen Konservative, Menschenhasser oder Reaktionäre ungerechte Ordnungen als vernünftig dar. Neue Ideen scheinen zunächst immer gefährlich. Entweder man ist pessimistisch, gibt auf, und garantiert damit, dass das schlimmste passiert. Oder man ist optimistisch, nimmt die Chancen wahr und hilft, die Welt zu verbessern. Wer nicht versucht zu kämpfen, kann nur verlieren.

Die Geschichte zeigt, wie weit wir gemeinsam kommen können, wenn wir es wollen: Aufstieg von Demokratie und Menschenrechten, beinahe Abschaffung von Sklaverei und Kinderarbeit, Einführung der Schulpflicht, Ausrottung vieler Krankheiten, höhere Lebenserwartungen, weniger Kindersterblichkeit, allgemein höherer Wohlstand, weniger Menschenhass, Technologie, die das Leben einfacher macht und vieles mehr.

Leider sind solche Errungenschaften noch lange nicht bei allen Menschen angekommen. Die Geschichte mahnt ebenso, wachsam zu sein, denn nichts ist selbstverständlich. Die historische Aufgabe ist nun, sich gegen Menschenhasser, Kapitalinteressen und ewig gestrige durchzusetzen, die Leid relativieren und Gerechtigkeit im Weg stehen. Einfach wird es nicht – man spürt die Ketten nur wenn man sich bewegt. Krieg, Hass, Armut und Umweltzerstörung gehören endlich in die Geschichtsbücher. Lasst uns gemeinsam bilden, überzeugen und organisieren, wir sind nicht allein. Lasst uns dabei nicht unsere Fantasie und Hoffnung verlieren, gehen wir den anstrengenden und undankbaren Weg in die Zukunft, für die es sich zu kämpfen lohnt. Erringen wir die große Wende, her mit dem schönen Leben!

WILLKOMMEN IN UTOPIA

Genug analysiert und kritisiert, nun können wir uns eine bessere Welt überlegen. Wo soll das alles enden? Ziehen wir Konsequenzen. Willkommen in der Zukunft, für die es sich zu kämpfen lohnte.

Emanzipierte, gebildete, rationale, selbstkritische, solidarische, und klassenbewusste Menschen leben gemeinsam sicher, wohlhabend und frei. Alle können ungehindert ihr Glück suchen, ohne dumme Vorurteile und Hass – wir ließen die Geißeln der Vergangenheit hinter uns aber sind uns derer bewusst. Egal wo man hingeht, die Lebensverhältnisse sind gleichwertig und uns verbindet eine Menschheitskultur. Sie gab es eigentlich schon immer aber wurde durch Ignoranz und Klasseninteressen vergiftet. Man Respektiert die Menschenrechte aller, die Subkulturen und die Natur. Traditionen und Weltanschauungen bestehen, ohne dass sie aufgezwungen werden oder dass andere dabei eingeschränkt werden, viele haben sich im Laufe der Zeit auch angepasst. Der Zeitgeist ist eine Mischung aus gesundem Konservativismus – dem wachsamen Verteidigen der vielen Errungenschaften – und Progressivismus – der aufklärerischen, empathischen, optimistischen Auseinandersetzung mit aufkommenden Problemen, ohne aus Angst oder Bequemlichkeit Ungerechtigkeiten zu dulden.

Die Menschen entscheiden demokratisch über ihr Schicksal. Am Werkstor endet die Demokratie nicht, es gibt in der kleiner gewordenen Privatwirtschaft ein starkes Mitbestimmungsrecht der Arbeiterinnen. Die seltener gewordenen politischen Entscheidungen richten sich nach dem Allgemeinwohl, nicht nach den Interessen der Reichen und Mächtigen. Die Politiker sind mutige, leidenschaftliche Visionäre mit Weitblick, die auch unbeliebte Entscheidungen treffen, wenn sie richtig sind. Sie sind die Vermittler zwischen Gesellschaft und Wissenschaft – Ethik und Tatsachen. Es herrscht ein gerechter Ausgleich zwischen den verschiedenen Gruppen, Klassenunterschiede sind angemessen und gering.

Man kennt seine Differenzen, ist respektvoll und höflich im Diskurs und setzt sich aus eigenem Interesse auch für andere ein. Meinungs- Kommunikations- und Versammlungsfreiheit sowie unabhängige Presse lassen den geistigen Reichtum sich ungehindert verbreiten. Hetze und Desinformation haben durch die aufgeklärten Massen praktisch keine Chance. Der Journalismus ist wissenschaftsbasiert und behandelt Politik nicht wie einen Sport. Neben privaten Medien gibt es einen starken, unabhängigen, differenzierten, steuerfinanzierten – denn Aufklärung ist ein essenzieller Dienst an die Allgemeinheit – öffentlichen Rundfunk. Er deckt Ungerechtigkeiten auf und zeigt auch die Schicksale einzelner Menschen, so können sich alle ganz einfach ein realistisches Bild vom Geschehen machen. Man lebt in derselben Realität. Es ist eine repräsentative Demokratie, bei ethischen oder Grundsatzfragen gibt es auch Volksabstimmungen. Die Menschen folgen Parlamentsdebatten, den entscheidenden Auseinandersetzungen. Politikerinnen bleiben bodenständig und vergessen nicht, wie es den Menschen geht.

Es gibt immer noch eine Ordnung und Entscheidungsträger, manche wollen und können nun mal mehr Verantwortung übernehmen. Machtpositionen werden demokratisch und nach Kompetenz vergeben. Bei Fehlverhalten werden Mächtige zur Rechenschaft gezogen. Keine Person, kein Staat, kein Unternehmen, keine Institution hat zu viel unkontrollierte Macht, Korruption und anderer Machtmissbrauch sind praktisch ausgerottet. Es gibt eine strikte Gewaltenteilung. Whistleblower werden besonders geschützt, um illegale oder unethische Machenschaften aufzudecken. Industrieverbände und andere Lobbyorganisationen der oberen Klasse haben denselben Einfluss auf die Politik wie Vereine ohne große finanzielle Mittel, jede Interessensgruppe kommt zu Wort. Entscheiden Mächtige, geschieht dies transparent. Gesetze sind nicht unnötig kompliziert, sodass alle sie nachvollziehen können. Reiche und Mächtige sprechen dieselbe Sprache wie die anderen Menschen, man hat eh nichts zu verbergen.

Der private Teil der Wirtschaft basiert nicht auf Gier, Egoismus, Spekulation, Bullshit-Jobs, Unternehmenskonsolidierung, unlauterem Wettbewerb, übergroßen Verwaltungsapparaten und Vetternwirtschaft, sondern auf realen Gütern bzw. Dienstleistungen. Ingenieure und Kleinunternehmer haben durch ein vernünftiges Patent- und Kartellrecht die Freiheit, Innovationen zu realisieren. Kleine und Mittlere Unternehmen können sich dank gerechter Marktbedingungen mit den besseren Ideen ungehindert gegen große Konzerne durchsetzen.

Kapital akkumuliert sich nicht grenzenlos bei einer kleinen Minderheit, sondern wird gerecht besteuert und der Allgemeinheit zurückgeführt. Progressive Einkommensteuer,

Kapitalertragssteuer, Vermögenssteuer, Erbschaftssteuer, Finanztransaktionssteuer, Umsatzsteuer – klingen lästig, aber die Menschen wissen um ihre Notwendigkeit. Durch die stark fortgeschrittene Automatisierung ersetzt eine Steuer auf Roboter, Maschinen und Software Einnahmeausfälle aus Löhnen. Eine degressiv wirkende, aufwändige Mehrwertsteuer gibt es nicht. Die stärksten Schultern tragen die schweren Lasten und Arme zahlen kaum Steuern. Kleine, inhabergeführte und mittlere Unternehmen werden steuerlich bevorzugt. Wo die Gesellschaft, vertreten durch den Staat, den Markt lenken will, gibt es steuerliche Anreize und Subventionen.

Die Menschen sind solidarisch mit den Schwachen, statt nur ihnen selbst die Schuld für ihre Situation zu geben. Das bedingungslose Grundeinkommen garantiert allen in der Menschheitsföderation ein menschenwürdiges Leben. Es hat nicht ruhiggestellt und für politische Apathie gesorgt, sondern hat angetrieben und gezeigt, was für große Ideen durchgesetzt werden können, wenn der gesellschaftliche Wille da ist. Alle können ohne Angst dem nachgehen, was sie wirklich wollen, ohne ihre Existenz zu verlieren. Man arbeitet nur noch wenige Stunden am Tag, ausgeruhte Arbeiter sind produktiver und es gibt ohnehin nicht mehr sehr viel Arbeit für Menschen. Die Tätigkeiten, die verbleiben, sind erfüllend und sinnvoll, die Arbeitsbedingungen sind gut. Alle tragen nach ihren Fähigkeiten und eigenem Antrieb bei, machen also was sie am besten können – liefert bessere Resultate als in einer Tätigkeit gefangen zu sein, die man hasst. Man hat viel Zeit für gesellschaftliche Teilhabe, Passionen, Reisen, Sport oder für ehrenamtliches Engagement. Wer mehr arbeiten will oder

Führungspositionen übernimmt, kann das machen und die zusätzliche Verantwortung wird mit mehr Geld belohnt.

Öffentliche Daseinsvorsorge ist alles, wo der Markt versagt, eine gerechte Versorgung von Grundbedürfnissen herzustellen. Sie ist in der öffentlichen Hand und der Markt ist vernünftig reguliert. Allgemeinwohl steht an erster Stelle, um jeden ist gekümmert und wenn es im Leben miserabel läuft, können sich die Menschen auf den Staat verlassen, dass er sie wieder auf die Beine bringt. So sind Gesundheitsversorgung, Bildung, öffentlicher Rundfunk, Universitäten oder Energie- und Wasserversorgung staatlich. Sie sind nicht dem Profitzwang unterworfen und können sich, selbstverständlich mit demokratischen Kontrollmechanismen, darauf fokussieren, eine gerechte, effiziente und effektive Versorgung sicherzustellen.

Bei unserem solidarischen Gesundheitssystem erhalten alle, unabhängig vom Geldbeutel, schnell und unkompliziert die modernste Versorgung. Alle Drogen sind entkriminalisiert, viele legalisiert. Sucht wird als Gesundheitsproblem, nicht als Kriminalität verstanden. Durch Präventionsmaßnahmen wird aufgeklärt und auf die Gefahren aufmerksam gemacht. Der Markt für Drogen ist reguliert, um Süchtige vor Gesundheitsschäden zu schützen, sie nicht in den Schwarzmarkt zu drängen und organisierter Kriminalität vorzubeugen. Eigentlich braucht man aber keine Drogen, das Leben heutzutage lässt sich auch nüchtern ertragen. Man muss sich auch nicht in eine virtuelle Realität flüchten oder sich mit Medienkonsum ablenken. Auch psychische Gesundheit wird wie alle anderen Krankheiten behandelt. Psychische Krankheiten treten aber kaum noch auf, die meisten Ursachen dafür gibt es nicht mehr. Kriminalität gibt es auch kaum, es gibt einfach keine guten Gründe dafür. Ursachenbekämpfung, Prävention und soziale Arbeit werden vor stumpfer Symptombekämpfung bevorzugt.

Forschung und Entwicklung wird primär an Universitäten durchgeführt. Alle Innovationen der starken Hochschulen und anderen öffentlichen Institutionen sind direkt frei zugänglich. Medizin oder Technologie wird dann von staatlichen, genossenschaftlichen oder privaten Unternehmen produziert.

Andere Erfinderinnen schützt ein ausgewogenes Patentrecht. Ein schlechtes Patentrecht erstickt Innovationen ebenso wie keins. Ein Patent wird gewährt, wenn es eine neue Erfindung ist, die nicht zu allgemein beschrieben ist. Das geistige Eigentum muss zudem vom Inhaber genutzt werden, oder es erlischt. In Krisen kann der Staat außerdem Notlizenzen zu angemessenen Preisen vergeben. Kein Patent läuft länger als 15 Jahre, genug Zeit, um Geld mit der Erfindung zu verdienen. Das Urheberrecht funktioniert ähnlich.

Notsituationen können nicht von Gierigen ausgenutzt werden. Ein umfassender Verbraucherschutz stellt sicher, dann man jedes Produkt kaufen kann, ohne Angst, dass es einen schädigt. Man hat außerdem umfassende Rechte beim Kauf und wird vor Betrug sowie Knebelverträgen geschützt. Es ist leicht, seine Produkte selbst zu reparieren. Technische Mindeststandards gelten überall, sind demokratisch legitimiert und stehen im Dienste der Allgemeinheit. Unabhängige Organisationen von Experten aktualisieren die Standards, wenn besseres möglich ist. Die freie Verfügbarkeit von Normen vereinfacht Handel, Kommunikation und Innovation. Kunde zu sein ist heutzutage sehr einfach, man muss kein Anwalt oder Ingenieurin sein, um sich vor schlechten Produkten und Dienstleistungen zu schützen. Dennoch konsumiert man bewusst.

Der Staat erscheint den Menschen als schlank, aber denen, die dem Allgemeinwohl schaden wollen hingegen als stark. Gesetze sind nachvollziehbar und in einer Sprache geschrieben, die von allen verstanden wird. Bußgelder sind proportional zum Einkommen, denn sonst sind sie nur Strafen für Arme. Bürokratie besteht nur dort, wo sie unumgänglich ist. Solange man keiner Person schadet, ist alles erlaubt. Man lebt so frei, es fühlt sich fast an wie Anarchie, nur mit Wohlstand und real.

Die Gesellschaft ist nicht mehr so kommerzialisiert wie früher, kaum jemand rennt nur dem Geld nach. Die Mischung aus öffentlich-rechtlichen und privaten Medien sorgt für eine objektive Darstellung der Realität – Idioten kommen kaum noch zu Wort. Die Werbung bestimmt nicht die Wertvorstellungen und Süchte. Die kritische, gebildete Bevölkerung hat ohnehin kein Interesse an anderer Presse.

Alle Kommunikationsmittel sind frei und die Privatsphäre ist durch eine starke Gesetzgebung geschützt. Der Mensch braucht sie, um seine Persönlichkeit zu entfalten. Gesetze werden ganz ohne Totalüberwachung durchgesetzt, stattdessen wird intelligent kontrolliert mit nur wenigen Eingriffen in die Privatsphäre. Auch sonst werden Daten nur dort verarbeitet, wo es notwendig ist. Die Menschen besitzen ihre Daten selbst. Dies bremst jedoch nicht die Digitalisierung, welche unser Leben unkompliziert und effizient macht. Egal, wo man ist, man muss nicht von der Welt abgeschnitten sein. Wir sind jedoch nicht komplett von der digitalen Infrastruktur abhängig. Von den wichtigsten Dokumenten gibt es physische Kopien, das Energienetz ist krisensicher und es gibt, wie für alles, solide Krisenpläne. Auch analog wäre man existenzfähig, es ist nur viel umständlicher. Künstliche Intelligenz ist unter Kontrolle, sie unterliegt strengen ethischen Standards und wird stets von Menschen überwacht.

Digitale Infrastruktur ist ein öffentliches Gut, daher gibt es, neben einigen privaten Anbietern, öffentliche und steuerfinanzierte Institutionen, die unabhängige, hochwertige, quelloffene Plattformen betreiben sowie Software entwickeln. Dort können alle ohne Mittelsleute ihre Inhalte an die Öffentlichkeit bringen – vor allem für Künstler, Journalistinnen, Software- und Spieleentwicklerinnen sehr befreiend. Diese sind außerdem durch das Grundeinkommen frei, das zu produzieren, was sie wirklich wollen. Wer möchte oder muss, kann seine Inhalte auf den Plattformen monetarisieren, ob über Werbung, Spenden, Kaufpreise, Leihpreise oder Abonnements. Die Einnahmen daraus gehen größtenteils direkt an die Urheber, der Rest wird zur Teilfinanzierung der Plattform genutzt. Meinungen tauschen sich frei aus, blockiert und strafrechtlich belangt werden nur Volksverhetzung oder direkte Gewaltandrohungen. Auch Meinungen, die den „Reichen" und Mächtigen nicht passen, bleiben monetarisiert. Die Algorithmen, die den Informationsfluss steuern, sorgen für einen regelmäßigen Ausbruch aus der eigenen Filterblase. Die Institutionen betreiben ebenfalls sichere Kommunikationsplattformen, die Privatsphäre schützen. Die Software wird stetig weiterentwickelt, um Funktionalität, Sicherheit und Nutzerfreundlichkeit sicherzustellen – ein öffentliches Interesse.

Die Schulen setzen auf Sinn und Einsicht, nicht auf starres auswendig lernen. Die Bildung ist unabhängig, die Lehrer haben Passion für ihren Beruf und die meisten Schülerinnen gehen gerne in die Schule. Bildung ist ganzheitlich und inklusiv, aus jungen Menschen werden aufgeklärte, empathische Bürger die auch transversale Fähigkeiten besitzen. Dank des Grundeinkommens und kostenloser, hochwertiger Bildung können alle die Bildung erhalten, die sie wünschen, ohne nebenher arbeiten zu müssen. Viele Ältere, die mit ihrer Berufswahl unzufrieden sind, schulen nochmal um.

Selten spaltet sich eine Region von der Föderation gewaltfrei ab, sie kommt aber schnell zurück. Man weiß, dass man gemeinsam besser funktioniert. Es gibt nur noch ein kleines Militär, das im Notfall die Ordnung verteidigen kann, sollte ein Konflikt nicht friedlich lösbar sein. Man braucht es aber nie, deshalb sind es nur noch Reservisten. Ansonsten hat nur noch die Polizei ein paar Waffen, sie werden aber kaum getragen. Es gibt keine Atomwaffen oder Panzer mehr. Es ist eine Epoche großer Stabilität.

Wir wirtschaften sozial und ökologisch nachhaltig. Städte, wo beinahe jeder lebt, sind grün und lebenswert. Rad-, Fuß- und öffentlicher Verkehr haben Priorität und sind kostenlos. Mobilität ist sehr einfach und stressfrei, der Platz in den Städten ist für die Menschen da. Durch gemischte Bebauung sind die Wege zur Arbeit oder Einkaufsmöglichkeiten kurz. In öffentlichen Grünflächen können alle sich treffen, feiern, Sport treiben oder entspannen. Jede Wohnung ist günstig, energieeffizient und hochwertig. Das Leben heute ist entspannt, die Städte reflektieren das. Für eine hohe Lebensqualität muss man keine Stadtflucht begehen.

Die wenigen Tiere, die noch für Nahrung gehalten werden, leben in Würde, ebenso wie Haustiere. Fast alle ernähren ausgewogen – Mangelernährung ist schlecht für Körper und Psyche – und pflanzenbasiert, es gibt Ersatzprodukte für Fleisch und andere tierische Produkte. Zusammen mit anderen Effizienzsteigerungen in der Landwirtschaft konnte viel Fläche der Natur zurückgegeben werden. Es gibt viele Reservate, wo Menschen Urlaub machen. Überall gilt das Jedermannsrecht, viele fahren für Trips raus aus der Stadt und campen in der Natur – sie nehmen ihren Müll selbstverständlich mit.

Die Menschen haben die Natur zu schätzen bewahrt, trotz Technologie und Zivilisation. Wir leben in Harmonie mit der Natur und CO_2-Neutral. Es gibt praktisch keine Schadstoffbelastung. Heimgärtnerei wird von vielen betrieben, wo man sich lokal eigene Lebensmittel produziert, man hat ja genug Zeit dazu. Dadurch schätzt man das Essen. Der Mensch ist noch nah am Tier, daher schaut man auf die Natur, um sich zu einem gesunden Lebensstil leiten zu lassen – vielen Zivilisationskrankheiten ist vorgebeugt. Gentechnik darf beim Menschen nur angewandt werden, um Krankheiten zu heilen.

Wir leben im Überfluss und schon seit langem entkoppelt von der Natur. Beinahe jeder macht mindestens einmal einen Survivalkurs, um sich auf die Wurzeln unserer Spezies zu besinnen und die Zivilisation mit klaren Augen zu sehen. Man erhält ein tiefgehendes Verständnis dafür, was es heißt, Mensch zu sein.

Den allermeisten geht es gut. Alle sind im politischen Prozess involviert. Die Menschen sind multiplanetarisch. Während die Gesellschaften der Kolonien laufen lernen, behalten sie dasselbe Gesellschaftssystem – sie vergessen nicht, wo sie herkommen. Die Föderation ist eine vielfältige Gesellschaft, wo die Menschen immer noch verschiedene Lebensweisen, Wertvorstellungen, Geschmäcker, Traditionen, Humor und Spiritualität haben – wir haben unsere Seele nicht verloren. Alle genießen ihr Leben auf die eigene Art, es gibt keine Diskriminierung. Diese Vielfalt und der gegenseitige Respekt machen uns stark – in Solidarität vereint.

Sprache vereint. Es gibt, neben regionalen Sprachen, eine Menschheitssprache, mit der sich alle verständigen können. Jeder Mensch betrachtet einmal im Leben die Erde vom Weltraum aus. Ihre Schönheit überwältigt, in Ehrfurcht erkennt man die Verbundenheit allen Lebens und erhält ein fundiertes Bewusstsein für unsere Verantwortung gegenüber der Welt. Der Überblick über die Wiege der Menschheit lehrt über den Wert des Lebens. Man wird sich bewusst, dass man Teil von etwas Größerem ist. Zusammenhalt ist außerdem sichergestellt über das fundierte Verständnis aller von Demokratie und Menschenrechten. In Bildung kommen ebenfalls die verschiedensten Menschen zusammen. Alle sind durch globale Infrastruktur, Handel, Internet und Tourismus vereint. Die meisten leben eine Zeit lang in einer anderen Region und lernen, andere Subkulturen zu verstehen. Soziale Projekte, wo Menschen aller Gesellschaftsgruppen zusammenarbeiten, schaffen weitere Kohäsion. Man unterhält sich gerne mit Fremden, wenn man sich begegnet. Der Frieden ist gesichert, wir können nun entspannen, uns höheren Aufgaben widmen und wachsam bleiben. Wir nutzen eine Flagge für die Menschheit als Symbol der Einheit.

Jedes Jahr feiern wir die Tage des Fortschritts. Man gedenkt allen, die im Kampf um die gute Sache starben oder litten. Allen Opfern des Hasses, der Gewalt und der Gier. Allen ausgestorbenen Arten aufgrund der Ausbeutung der Natur. In tiefer Dankbarkeit feiern wir alle, die Zeit und Mühe in Aufklärungsarbeit gesteckt haben. Alle Errungenschaften, die das Leben so schön machen. Alle, die den Schwachen und Ausgestoßenen geholfen haben. Die Wissenschaft feiert man, welche unermüdlich die Wahrheit ergründete. Die Technologie feiert man, die uns von natürlichen Zwängen und Leiden befreite und uns wieder in Harmonie mit der Natur leben lässt. Die Menschen feiern die Tage auf ihre eigene Art: man verreist, isst gut oder veranstaltet Zeremonien. Die meisten machen daraus aber eine riesige Party, man feiert einfach das Leben.

Wer nicht aus der Geschichte lernt ist verdammt, sie zu wiederholen. Die Ballaste der Vergangenheit sind zerstört, mahnende Relikte der Geschichte verbleiben.

Ob es zu dieser Utopie kommt und wie die Zukunft genau aussieht, liegt heute in unserer Hand – auch in deiner. Einiges hiervon ist vielleicht schon Realität in manchen Regionen, Anderes muss noch errungen werden. Wenn wir eine bessere Zukunft wollen, müssen wir uns stetig in die richtige Richtung bewegen, auch wenn es anstrengend ist oder es manchmal Rückschläge gibt. Perfekt wird es nie sein, aber wir brauchen Utopia, die Vision einer besseren Zukunft. Vielleicht erreichen wir sie nicht, aber Fantasie und Hoffnung treiben uns an. Der gegenwärtige Zustand ist nicht in Stein gemeißelt, wer hätte den Menschen vor hunderten Jahren schon erklären können, wohin wir es bereits geschafft haben. In hunderten Jahren wird auf dem Mars vielleicht eine Mutter ihrem Kind den kleinen, blauen Planeten zeigen und über die Menschheitsgeschichte erzählen. Das Kind wird sie ungläubig anschauen. Wie bescheiden doch unsere Anfänge, wie beschwerlich der Weg hierhin.

Vergleicht man mit dem Kapitel „Höhere Mächte", kann man das alles auch als ein Glaubenssystem ansehen: „Gut" sind aufgeklärte, empathische und selbstkritische Menschen, „schlecht" sind Gewalttätige, Menschenhasser, Gierige, Egoisten und Dumme. Es gibt eigene Werte, die Humanismus, Solidarität – Nächstenliebe – und Nachhaltigkeit entstammen. Das Paradies ist weltlich, es kann durch Organisieren gegen das Schlechte erreicht werden. Die Hölle wird ebenso weltlich, wenn die Menschheit sich nicht gegen Ignoranz, Hass, Egoismus und Kapitalinteressen durchsetzt. Das Leben nach dem Tod ist der Einfluss, den man auf seine Mitmenschen hatte. Es sind die großen Ideen, die man zu Lebzeiten in andere Köpfe gesetzt hat, die noch nach dem Tod wirken und sich weiterverbreiten. Die Feinde des Glaubens darf man nicht zerstören, sondern muss sie überzeugen und aufklären. Den Sinn des Lebens bestimmt ansonsten jeder selbst.

Dieses Buch beschreibt jedoch ein Glaubenssystem, was auf Emanzipation beruht, es muss keine irrationale Angst machen, es kann nicht zu Machtmissbrauch genutzt werden, sondern hat das Ziel, ihn unmöglich zu machen. Es kann nicht gewalttätig aufgezwungen werden, es schränkt persönliche Freiheiten nicht ein. Dieses Glaubenssystem könnte Leere und Ziellosigkeit ausfüllen, während alte Vorstellungen langsam, aber stetig weichen.

Jeder Mensch hat ein Glaubenssystem. Dieses ist eine Art realistischer, optimistisch-nihilistischer, friedlicher, ökologischer, rationaler, utilitaristischer, wissenschaftlicher, emanzipatorischer, progressiver, libertärer, demokratischer und solidarischer Humanismus, nennen wir es Kokismus.

Wenn dir dieses Buch gefallen hat, empfiehl es gerne weiter.